DOCUMENTS POUR SERVIR A L'HISTOIRE DU BARROIS

Publiés

Par la *Société des Lettres, Sciences et Arts de Bar-le-Duc*

RECUEIL

DES

ARMES ET BLASONS

DES

FAMILLES NOBLES ACTUELLEMENT EXISTANTES

ET ÉTABLIES

EN LA VILLE DE BAR

ET

DANS L'ÉTENDUE DE SON DISTRICT

1771

BAR-LE-DUC

IMPRIMERIE CONTANT-LAGUERRE

—

1900

Le manuscrit dont la *Société des lettres, sciences et arts de Bar-le-Duc*, a décidé l'impression, et que nous offrons aujourd'hui au public n'était connu que de peu de personnes, et a échappé à l'auteur de la consciencieuse *Bibliographie Nobiliaire de la Lorraine*(1), M. le Vicomte A. de Bizemont. Il a été parfois utilisé, et cité sous le nom du possesseur de l'une des copies en circulation, « M. le chevalier de Villers, chevalier de l'ordre royal et militaire de Saint-Louis» personnage sur lequel nous n'avons d'ailleurs pas de renseignements, et que nous rattacherions volontiers à la famille ANTOINE, de Bussy (voir l'article p. 12).

L'auteur de ce Nobiliaire a gardé l'anonyme, mais il est facile de reconnaître, en lisant l'*Avertissement* dont il a fait précéder son travail, qu'il appartenait au monde judiciaire; son style est celui de la chicane, ce qui ne donne pas beaucoup d'agrément à la lecture de son « petit ouvrage. »

(1) Ce travail, extrait du *Congrès provincial de la Société bibliographique et des publications populaires* (Nancy, Crépin-Leblond, in-8°, 86 p., 1897) donne la description de 363 ouvrages imprimés ou manuscrits concernant l'histoire et la généalogie des familles nobles des deux duchés.

Du reste, il paraît étranger aux complaisances qui diminuent l'autorité de beaucoup d'ouvrages nobiliaires, et, sauf quelques omissions de peu d'importance, on peut considérer ses notes généalogiques comme un document sérieux, condensant de longues et patientes recherches, et offrant toutes les garanties désirables en pareille matière. Nous proposerions d'en attribuer la rédaction primitive à un conseiller de la Chambre des Comptes de Bar, Charles-Pierre de LONGEAUX, (1703-1766) connu par ses recherches biographiques et généalogiques sur les membres de cette compagnie (1), et dont les notes auraient été tenues à jour et continuées après sa mort par un de ses fils. Un manuscrit intitulé « *Le Hérault d'armes ou Nobiliaire général de Lorraine et Barrois...* » et n'allant pas au delà de 1764, est encore conservé dans la famille de Longeaux, ainsi qu'un autre ayant pour titre : « *Tables généalogiques avec une récapitulation des familles nobles existant actuellement en la ville de Bar, qui renferme l'origine de leur noblesse et leurs générations de masles en masles jusqu'en la présente année 1747, rangées suivant les dates de leurs titres.* » D'après une communication de M. de Longeaux qui a bien voulu nous donner cette intéressante indication,

---

(1) La Bibliothèque publique de Bar-le-Duc possède (n° 51) une copie de sa « *Description chronologique et généalogique des présidents et conseillers maitres, auditeurs et gens de la Chambre du conseil et des comptes du duché de Bar, recherché sur les registres, documents et titres authentiques, et mis en ordre par* °°° (1748) » ainsi que le « *Catalogue des présidents de la Chambre du conseil et des comptes du duché de Bar... à la suite duquel se trouve celui de tous les conseillers, le tout mis en ordre par Longeaux* (1748). Ce manuscrit a été continué d'une autre main, jusqu'en 1778 :

ces deux documents, dont la publication serait très désirable paraissent être des travaux préparatoires à la rédaction de notre manuscrit.

Nous nous sommes interdit de modifier le texte du manuscrit et l'orthographe que l'auteur adopte pour les noms de famille, particulièrement en ce qui concerne les particules *De*, *Du*, *Des*, lorsqu'il ne les détache pas. Pour l'impression, nous nous sommes servi des trois copies existant à notre connaissance, l'une exécutée par M. Bellot-Herment il y a une cinquantaine d'années sur le manuscrit « du chevalier de Villers », et appartenant à la Bibliothèque de la Ville de Bar-le-Duc (catalogue des manuscrits, n° 128). Une seconde copie, due à M. Mangin, de Fains, a été augmentée par lui de notes généalogiques sur les maisons de Mognéville, Nettancourt et Stainville. Elle fait également partie des manuscrits de la Ville de Bar-le-Duc (n° 104). Enfin, la troisième transcription est entre les mains de notre confrère M. Alfred Jacob, qui a bien voulu nous aider à les collationner.

Ajoutons qu'un autre manuscrit (n° 103), également copié d'après un original ayant appartenu au chevalier de Villers, et daté de 1771, comme celui que nous publions, donne la liste des anoblis de Lorraine et de Barrois depuis l'an 1424. Ce répertoire ne diffère pas sensiblement de ceux qui ont été imprimés et n'offre pas le même intérêt que le *Recueil des Armes et blasons des familles nobles actuellement existantes et établies en la ville de Bar et dans l'étendue de son district, 1771.* Nous espérons que cette série de notes rédigées à la veille de la Révolution,

et formant un catalogue de plus de deux cents familles de noblesse ancienne ou récente, groupées dans ce qui avait été la capitale du Barrois, rendra service aux curieux de notre histoire et pourra se joindre utilement aux publications (1) que, dans le même ordre de recherches, nous avons eu déjà l'occasion de leur offrir.

Pour la Commission de publication :
H. D.

(1) Notamment le *Journal de Gabriel Le Marlorat auditeur en la Chambre du Conseil et des Comptes de Barrois* [1605-1632] formant le premier fascicule de nos « Documents pour servir à l'histoire du Barrois, » in-8°, 1892; l'*Armorial des écuyers des Bailliages de Bar, et de St-Mihiel,* publié et savamment annoté par M. Léon Germain, d'après les *Recherches* de Didier Richier et de Dominique Callot (Mémoires de la Soc. des Lettres, Sciences et Arts de Bar-le-Duc. 1894 et 1898), etc.

RECUEIL

DES

ARMES ET BLASONS DES FAMILLES NOBLES

actuellement existantes

ET ÉTABLIES

EN LA VILLE DE BAR

et

DANS L'ÉTENDUE DE SON DISTRICT

1771

AVERTISSEMENT

Il n'est que trop vrai que la plupart des familles ne se donnent aucun soin pour avoir connaissance de celles avec lesquelles elles sont alliées; il semble même aujourd'hui qu'il n'est plus permis de se dire parents quand on est éloigné de trois ou de quatre générations. Cette connaissance néanmoins est utile, non seulement dans le cas de successions, mais particulièrement dans les cas de matière de retrait lignager, non seulement à celui qui exerce l'action, mais encore plus à

celui contre lequel elle est intentée, puisque s'il est constant que pour
être en droit de faire rentrer dans sa ligne un bien vendu pendant le
cours de l'année à un étranger, les lois ont déterminé qu'il faut être à
un certain degré de parenté avec le vendeur, passé lequel l'action en
retrait ne peut rien opérer contre l'acquéreur. Il n'est pas moins
vrai que ces mêmes lois n'en ont limité aucun pour conserver un
bien acquis et se mettre à couvert de cette action, si l'on est en état de
justifier par une filiation suivie que l'on est parent de son vendeur, à
quel degré que ce soit. Or il peut arriver et il est peut-être arrivé plus
d'une fois à un acquéreur d'abandonner sur une simple assignation en
retrait le bien par lui acquis de bonne foi, ignorant qu'il est lui-même
en effet parent de son vendeur, encore que ce soit à un degré éloigné.
C'est donc principalement l'objet de cette connaissance, joint à l'avan-
tage qui en peut revenir en pareil cas qui a donné lieu au compilateur de
ce recueil d'y comprendre non seulement les familles nobles qui existent aujourd'hui dans la ville de Bar et dans son district, mais aussi
celles qui sont éteintes, et même inconnues à la plupart de ses com-
patriotes avec les noms de celles qui descendent par les femmes des
unes et des autres.

Il n'a pas cru devoir descendre plus qu'il n'a fait sur la description
généalogique des dernières familles et de leurs alliances, son dessein
n'ayant été que de faire connaître avec l'origine de leur noblesse, ou
l'extraction noble de celles dont la source n'est pas connue, les blasons
de ses armes, les noms et qualités des chefs, et de quelques-uns de leurs
descendants intermédiaires, jusqu'à ceux qui existent aujourd'hui
(1771) de noms et d'armes, et qui en viennent de mâles en mâles
ou ceux qui en sont sortis par interposition féminine.

Au surplus, ce petit ouvrage a été rédigé par écrit, sur un grand nombre d'actes judiciaires et autres titres authentiques, qui ont passé sous
les yeux de son rédacteur, ou sous les connaissances certaines qu'il a
par devers lui des dites familles.

ALENÇON (D')

Porte : d'azur à la fasce d'or surmontée d'une levrette d'argent bouclée de gueules.

L'origine de la noblesse de cette famille vient des Lettres d'anoblissement obtenues en l'année 1566 par Nicolas d'Alençon demeurant à Vavincourt. Son père s'appelait Mangin d'Alençon et son fils Nicolas qui épousa Marie de Lassieue de condition noble, dont trois des descendants lieutenants généraux au bailliage de Bar qui ont été pourvus dans cette charge, l'un desquels nommé Charles d'Alençon baron de Beaufremont, seigneur de Ville-sur-Saulx est mort depuis quelques années revêtu des dignités de Conseiller d'État et de Président de la Chambre du Conseil et des Comptes du Duché de Bar, sans avoir laissé de postérité de son mariage avec Jeanne de Beurges, sa cousine germaine.

Les descendants du nom de cette famille de nom et d'armes qui existent aujourd'hui sont :

Jean-Baptiste d'Alençon baron dudit Beauffremont demeurant audit Bar, frère du susdit défunt président, décoré du titre de comte en l'année 1732, lequel de son mariage avec Victoire de Rosières, d'extraction noble, a deux fils actuellement au service du roi dans le régiment des gardes de Lorraine.

Il reste encore un fils du défunt et François d'Alençon, seigneur de Creue, ancien lieutenant général audit Bailliage de Bar, frère des susdits Charles et Jean-Baptiste, lequel a épousé, à Paris, la fille du marquis de Giffart.

Les descendants de cette famille par les femmes sont :

Celles d'Antoine de Bussy et de Peschart par Marguerite d'Alençon femme de Pierre Antoine lieutenant général en la gruerie dudit Bar, et, par interposition de Françoise Antoine de Bussy, mariée à Alexandre Peschart, seigneur d'Ambly et de Tornizet.

ALLIOT

Porte : d'azur à la fasce d'or chargée à dextre d'un croissant montant de sable, accompagnée de quatre quinte-feuilles d'or trois en chef et une en pointe.

La noblesse de cette famille vient des Lettres de reprise maternelle obtenues en l'année 1699 pour Jean-Baptiste Alliot, Docteur en médecine demeurant à Bar, du côté de Bonne de Mussey, sa mère, d'extraction noble, fille de Jean de Mussey, et de Marie Vyart qui avait épousé Pierre Alliot, aussi Docteur en médecine demeurant audit Bar. Ledit Jean-Baptiste fut ensuite Conseiller d'État et premier médecin du duc Léopold. De son mariage avec Anne Blondelet il reste postérité savoir :

Pierre Alliot, ci-devant commissaire des guerres, etc.., actuellement établi à Lunéville en qualité de Conseiller aulique du roi de Pologne, lequel a postérité, et entre autres enfants un fils aîné nommé Antoine-François, pareillement Conseiller aulique de ladite Majesté Polonaise, prévôt, chef de police de ladite ville de Lunéville.

Un autre nommé Joseph, chanoine de l'église Saint-Pierre de Bar, promoteur en l'officialité, aumônier du roi et prieur titulaire de Saint-Pierre d'Alvare.

Et un troisième, exempt des gardes du corps de S. M. Polonaise, lequel n'est pas encore marié.

Joseph Alliot, seigneur d'Urbach, Lavoyon, etc., demeurant présentement à Saint-Dié, qui est sans postérité masculine, n'ayant que des filles, dont deux sont mariées.

Une branche de la famille de Lamorre, vient de celle d'Alliot par le mariage de Marie Alliot avec Alexandre de Lamorre, conseiller en la Chambre des Comptes de Bar.

AMBRIÈRES (D') — Famille éteinte.

Portait : d'azur à la fasce d'or chargée de deux jumelles de gueules surmontées de trois étoiles d'or à cinq rayons.

La noblesse de cette famille était reconnue ancienne dès le commencement du xvie siècle en la personne de Jean d'Ambrières, demeurant à Vassincourt et en celles de ses descendants qui ont pris en tous actes authentiques les qualités de noble et d'écuyer sans difficultés et ont toujours joui, dans les lieux de leurs résidences, des privilèges attachés à la noblesse. Mais cette famille est éteinte par défaut de mâles depuis très longtemps, du moins dans l'étendue du bailliage de Bar.

Il y a plusieurs familles existantes en la ville de Bar qui en descendent par le mariage de Jeanne d'Ambrières avec Simon de Mussey, demeurant en ladite ville, telles sont :

Celles de Bouvet, Colliquet du Bourg à Bar, Lemosleur et Colin de Contrisson, par Marg^{te} de Mussey, femme de Nicolas Beaudoux.

Celles de Hannel, Regnault, Romécourt, Lemoynes, Bugnot de Farémont, Billault, Longeaux, Demarne du Bourg, de Lescale de Louppy, Rogier-Mayeur de Bussy par Jeanne de Mussey, sœur de ladite Marguerite femme de Jean de Blayves.

ANDRÉ

Porte : d'azur au lion rampant d'argent au chef de même chargé d'une étoile d'azur accompagnée de deux roses de gueules boutonnées d'or.

La noblesse de cette famille vient des Lettres d'anoblissement obtenues en l'année 1735 par Charles André, receveur des finances au bureau de Bar, demeurant en ladite ville. Son père se nommait Nicolas André, seigneur de Queux, Kœurs ou Creue? et sa mère Marie Lambert, qui de son mariage avec Claude Mathieu, a postérité, savoir un fils nommé Claude, conseiller du Roi, receveur actuel des finances audit bureau, lequel a pareillement postérité en bas-âge, une fille nommée Barbe-Thérèse actuellement veuve de Pierre d'Hédouville, gentil-homme Champenois sans postérité, et deux autres filles non encore mariées.

ANTOINE, DE BUSSY — Originaire de Champagne.

Porte : d'or à trois écrevisses de gueules, deux en chef et une en pointe.

Dans le procès-verbal de la recherche faite en 1668 par M. de Caumartin pour lors intendant de Champagne, la noblesse de cette famille fut vérifiée et reconnue en la personne de François Antoine, seigneur de la Ville neuve au Fresne et du Mesnil Fouchart, élection de Bar-sur-Aube.

Pierre Antoine, lieutenant général de la gruerie de Bar, sorti de la même famille, vint établir sa résidence en ladite ville où il épousa Anne d'Alençon, d'extraction noble, et en laquelle ville est encore aujourd'hui domicilié un de ses petits-fils nommé Nicolas Antoine, seigneur de Bussy, dont une fille nommée Françoise, mariée à Alexandre Peschart, seigneur d'Ambly, Tornizet, etc. demeurant audit Bar, avec postérité encore en bas-âge. Son aînée nommée Thérèse est présentement veuve de Philippe de Joybert, seigneur de Villers proche Vitry, dont il reste postérité audit Villers.

ARGENTEL — Famille éteinte.

Portait : de gueules à trois annelets d'or, deux en chef et un en pointe.

Cette famille tenait sa noblesse des Lettres d'anoblissement obtenues en l'année 1578 d'un évêque de Verdun par Jean Argentel, lequel vint établir sa résidence en la ville de Bar par l'alliance qu'il y a contractée ; mais elle est éteinte depuis plus d'un siècle, du moins en ladite ville et dans son dit district par défaut de mâles.

Les familles qui en sont sorties par les femmes sont celles de

Morison, Dubois Serre, et une branche de celle de Vyart par le mariage de Judith Argentel avec Nicolas Camus, conseiller à la chambre des comptes de Bar, et celle de Piat par Marie Argentel, femme de Nicolas Piat, lieutenant particulier au bailliage dudit Bar, sœur de ladite Judith.

AUBRY, DE VAUBECOURT

Porte : d'azur à cinq étoiles d'argent, une en chef, trois en fasce et une en pointe.

La noblesse de cette famille, vient des Lettres d'anoblissement obtenues en l'année 1721 par George Aubry, bailli de Vaubecourt.

Le compilateur de ce recueil ignore s'il a laissé audit lieu de Vaubecourt, ou ailleurs, postérité actuellement existante.

Nota. — Il a un fils marié en 1752 à damoiselle Thérèse de Lescale.

AUBRY, DE BAR

Porte : d'argent au lion rampant de gueules tenant une palme au naturel.

Cette famille tient sa noblesse des Lettres d'anoblissement obtenues en l'année 1727 par Dominique Aubry, demeurant à Bar, alors Maire de ladite Ville, qui de son mariage avec Gabrielle Hannel a laissé postérité, savoir :

Antoine Aubry, avocat ez bailliage de Bar, successivement maire et syndic de ladite ville, a épousé Marguerite Poirot, à présent sa veuve.

Marguerite-Madeleine Aubry, qui a épousé Jean-Philippe de Boisguerin de Bernecourt qui n'a point laissé de postérité.

Henry Aubry, avocat ez siège dudit Bar et syndic actuel de ladite ville qui a postérité.

Joseph Aubry, chanoine en l'Eglise Saint-Pierre dudit Bar.

N........ Aubry, femme de Bernard Lefèvre, avocat ez dit siège.

Françoise Aubry, femme de Pierre Magot, receveur actuel des finances au bureau dudit Bar, etc.

N........ Aubry, non encore mariée, tous frères et sœurs.

La famille de Vivien en descend aussi par Catherine Aubry, femme de Charles Henri Vivien, demeurant audit Bar.

. . . .

AUDENET (D') — Famille éteinte.

Portait : d'argent à trois fusées d'azur posées en pals, chargées chacune d'une croix d'or fleuronnée et au pied fiché.

La noblesse de cette famille venait des Lettres de reprise maternelle obtenues en l'année 1581 par Pierre d'Audenet, Seigneur de Dagonville, conseiller en la Chambre des Comptes du duché de Bar, du côté de .... , sa mère, de condition noble, lequel de son mariage avec Isabeau de Reims eut un fils nommé Paul d'Audenet, aussi conseiller en ladite Chambre, qui fut conjoint par mariage avec Marie Peschard, de famille noble, duquel mariage il n'est point resté d'enfants mâles, n'ayant engendré que des filles dont l'une nommée Marie épousa Henry de Combles, Seigneur de Plichancourt, aussi sans postérité mâle, mais seulement des filles mortes sans laisser d'enfants ; l'une desquelles avait épousé Gaspard Joachim Jobart.

AVRILLOT (D') — Famille éteinte.

Portait : d'argent à la tête de more au naturel tortillée de gueules mises en cœur, accompagnée de trois trèfles de sinople. deux en chef et un en pointe.

L'ancienneté de la noblesse de cette famille établie en la ville de Bar dès la fin du xvᵉ siècle se justifie par un grand nombre d'actes authentiques dans lesquels la qualité d'écuyer est donnée à Jean d'Avrillot qui fut pourvu en l'année 1522 d'un office de conseiller auditeur en la Chambre des Comptes de Bar, de même qu'à François son fils qui fut successeur audit office, comme aussi à Alexandre d'Avrillot son petit-fils décédé prési-

dent de ladite chambre, et en la personne duquel cette famille fut éteinte par défaut de mâles, du moins dans le Barrois. Cette famille d'ailleurs était distinguée en France par les emplois de conseiller à la cour du Parlement de Paris, dont trois de même nom et armes ont été revêtus dès le commencement du xvi° siècle.

La famille de Lamorre et celles qui en descendent par les femmes viennent de celle d'Avrillot par le mariage de Christine d'Avrillot, fille du susdit Alexandre avec François de Poinctes, seigneur d'Anrosey etc., et par interposition d'Anne de Poinctes, femme de Charles de Lamorre, receveur général des domaines de Barrois.

M. le comte de Stainville, bailli de Bar, etc... en vient aussi par Claude d'Avrillot, femme de George Deserrard et par interposition du mariage d'Adrienne Deserrard, son ayeule maternelle, avec Philippe d'Anglure, seigneur de Guyonvelle, etc.

Feu madame la comtesse de Lomont Marie-Gabrielle-Charlotte du Chastelet, dame de Cirey, Pierrefitte, etc., en sortait pareillement par Agnès d'Avrillot, femme de Guillaume de Gleysenove et interposition du mariage de Christienne de Gleysenove avec Louis-Jules Du Chastelet, baron de Cirey, seigneur de Pierrefitte.

AUTRY (d') ou VINCENT — Famille éteinte.

Portait : de gueules au sautoir d'or.

La source de la noblesse de cette famille venait des Lettres d'anoblissement obtenues en l'année 1561 par Jean Vincent, natif de Longeville, alors sommelier d'échansonnerie du grand duc Charles III, lequel fut depuis trésorier général de ses finances et ensuite conseiller d'État et président de la Chambre des comptes de Bar, seigneur de Doncourt et Génicourt. De son mariage avec Alix Lescamoussier, d'extraction noble, il eut postérité savoir :

Un fils aussi nommé Jean, baron d'Autry, seigneur desdits Doncourt et Génicourt, conseiller du roi, maître des requêtes ordinaires de son hôtel, qui épousa Claude Merlin, fille du Président Jean Merlin, duquel mariage il ne resta que des filles dont l'une nommée Madeleine fut mariée avec Henry Lhoste, sieur du Jard, baron Descot, eut un fils nommé François, marquis Descot, lieutenant général des armées du Roi, lequel fut marié à la fille du marquis de Nangis.

On voit par cette description qu'il ne reste plus de descendants mâles du président Vincent. Au surplus l'auteur de ce recueil n'en connaît point d'autres dans le bailliage de Bar qui en viennent par les femmes que les descendants de la susdite Madeleine femme de Henry comte Dessales, qui épousa Charles Ignace comte de Nettancourt-Bettancourt, baron de Fresnel, etc., duquel mariage il reste postérité.

BAILLY — Famille éteinte.

Portait : d'argent billeté de gueules au lion rampant de sable chargé d'une croix de Jérusalem d'or sur l'épaule senestre, à la bordure engreslée de gueules.

La noblesse de cette famille venait de la reprise maternelle faite aux termes de la coutume de Bar en l'année 1615 par Simon Bailly, capitaine des Bourgeois de la ville-haute de Bar, du côté de Paquette Hurault, sa mère, de condition noble ; mais cette noblesse est éteinte presque en sa naissance par défaut d'enfants de l'un ni de l'autre sexe de son mariage avec Catherine de Lamorre de condition noble.

La famille de Lepaige Gaulme vient de celle de Bailly par Marguerite Bailly, sœur dudit Simon, qui fut mariée à Thierry Losset et par interposition du mariage de Nicole Losset avec Claude Lepaige.

BARBILLAT-LESCHICAULT

Porte : d'argent à la bande d'azur cotoyée en chef d'une hure de sanglier arrachée de sable et d'un treillis de même en pointe.

Cette famille tient sa noblesse des Lettres de reprise maternelle obtenues en l'année 1705 par Sébastien Barbillat-Les-

chicault, conseiller en la Chambre des Comptes de Bar du côté d'Anne de Billault, sa mère de condition noble avec permission de prendre le nom de Billault-Leschicault en considération de ce que Philippe Barbillat-Leschicault, son père, mari de ladite Anne de Billault était fils de Nicolas Barbillat avocat ez siège de Bar et d'Anne Leschicault, issue pareillement d'extraction noble, de laquelle néanmoins il ne put reprendre dans les règles la noblesse, étant lui-même décédé dans le temps qu'il s'y disposait.

Ladite reprise maternelle a été depuis rendue commune avec Marguerite Barbillat-Leschicault, sœur dudit Sébastien. Ses descendants sont :

Pierre de Billault-Leschicault, chanoine en l'église Saint-Pierre de Bar.

Jeanne de Billault-Leschicault, mariée à Jean-Antoine Colin de Contrisson, ancien lieutenant au régiment des gardes du grand-duc de Toscane;

Sébastien de Billault-Leschicault, qui a embrassé l'état ecclésiastique étant déjà dans les ordres sacrés;

François et Marguerite tous frères et sœurs.

Il y a encore un frère dudit Sébastien, nommé Charles, chanoine de Saint-Dié.

BARBILLAT-BOUCHER

Porte : d'azur au chevron d'or chargé d'une croix de gueules accompagné de deux lions affrontés d'argent lampassés de gueules.

La noblesse de cette famille présentement établie en la ville de Ligny, vient de Lettre de reprise maternelle obtenue en l'année 1708 par Nicolas Barbillat, avocat ez siège de Bar, frère consanguin de Philippe dont il est parlé en l'article précédent du côté de Marguerite Boucher, sa mère, femme en dernières noces de Nicolas Barbillat, leur père commun, laquelle était de condition noble, avec permission de prendre et porter par lui et ses descendants le nom de Boucher de Gironcourt.

Entre autres enfants procréés de son mariage avec Louis Musnier, il a un fils nommé Nicolas Boucher de Gironcourt, lequel est établi par mariage avec Catherine Gaynot, de condition noble, avec postérité en bas-âge.

Il y a plusieurs familles nobles dans la ville de Bar, sorties de celle de Barbillat, par les femmes, qui sont celles de Bar et Cachedenier de Vassimon, par Marguerite femme de Claude de Bar avocat, et Jeanne Barbillat, femme d'Abraham François Cachedenier, maître des comptes et lieutenant particulier en la prévôté de Bar, une branche de celle de Lepaige et celle de Dutertre par Françoise Barbillat, femme de Charles de Rizaucourt et celle de Moat et Perrin par Anne Barbillat, femme de Jean Moat.

BARBONNE (DE) — Famille éteinte.

Portait : d'azur à trois bustes de femme d'argent,
deux en chef et une en pointe.

La noblesse de cette famille fut tenue et réputée ancienne dès le commencement du xvᵉ siècle, temps auquel vivait Jean de Barbonne, Conseiller auditeur en la Chambre des Comptes de Bar et receveur général des Domaines du Barrois, dont le père nommé Garin de Barbonne, originairement étranger, vint établir son domicile en la ville de Bar, sous le règne du duc Robert où il est mort en qualité de secrétaire de Louis, Cardinal dudit Bar.

Il ne se trouve nulle part, du moins par les recherches qui ont été faites par l'auteur de ce recueil, que ledit Jean de Barbonne ait laissé des enfants mâles, mais seulement des filles dont l'une nommée Catherine fut mariée à Maxe de Génicourt, conseiller auditeur en ladite Chambre des Comptes; une autre nommée Marie qui avait épousé Mangin de Rambervillers, avec postérité.

La famille Derouyn et les descendants de cette famille par les femmes viennent aussi de celle de Barbonne par le mariage de Jaqueline de Génicourt avec George Errard dit Deserrard et interposition de Louise Deserrard femme d'Alexandre Derouyn, procureur général audit Bar (Voyez l'article Errard).

BAUDINAIS — Famille éteinte.

Portait : d'azur au chevron d'or accompagné de deux roses d'ar-
gent en chef et d'une épée nue à poignée d'or et lame d'argent
mise en pal sous le chevron, la pointe en haut.

Cette famille dès le milieu du xvᵉ siècle était tenue et réputée
d'extraction noble en tous actes tant en justice que dehors, par
les qualités de noble et d'écuyer prises ez dits actes par Robert
Baudinais, son fils, décédé audit Bar, revêtu des mêmes titres
et offices, lequel ne laissa que des filles de son mariage avec Anne
de la Mothe dont on ignore les alliances et si elles ont laissé
postérité.

BAUZEIS (DE) — Famille éteinte.

Portait : de gueules à cinq annelets d'argent, deux en chef
un en cœur et deux en pointe.

Cette famille établie en la ville de Bar dès les premières
années du xvᵉ siècle était réputée d'extraction noble, et reconnue telle en la personne d'Henriet de Beauzeis, secrétaire ordinaire du roi René d'Anjou et auditeur en la chambre du conseil et des comptes de son duché de Bar en l'année 1436 ; mais
elle est éteinte depuis plus de deux siècles par défaut de mâles
et encore qu'il ait laissé des enfants de l'un et de l'autre sexe
de son mariage avec Jeanne Le Varguillier, de condition noble.

L'auteur de ce recueil ignore s'il y a quelques familles actuellement existantes qui en soient sorties par les femmes.

Les descendants de celle de de Neuville en viennent (Voyez
ce nom).

BAZIN — Famille éteinte.

Portait : d'azur à la fasce d'or chargée à dextre d'un croissant
de sable accompagné de trois quinte-feuilles d'or en chef et
d'une en pointe.

La noblesse de cette famille venait des Lettres d'anoblissement obtenues en l'année 1522 par Thomas Bazin, écuyer de

cuisine du duc Antoine, lequel était venu quelques années auparavant établir sa résidence en la ville de Bar, où il épousa Marguerite..... dont il eut entre autres autres enfants, une fille nommée Sébastienne qui fut mariée à Jean de Mussey, maire de ladite ville vers le milieu du même siècle, et dont les enfants reprirent la noblesse aux termes de l'art. 71 de la coutume dudit Bar.

Les familles qui en descendent par ladite Sébastienne Bazin sont celles qui viennent dudit Jean de Mussey et d'elle.

Il y a encore d'autres familles qui sont sorties dudit Thomas Bazin par le mariage de Claudine Bazin avec Jean Maucervel, savoir :

Celles de Gérard Maucervel, de Beurges, de Renesson, Rodouan, de Marien-Morison, Dubois, Hannel, Regnault, Serre et Rogier, médecin, par interposition d'Élisabeth Maucervel, femme de Luc Parisot et Jaqueline Maucervel, femme de Nicolas Camus.

BEAUDOUX — Famille éteinte.

Portait : d'azur à la fasce d'argent chargée de trois étoiles de gueules accompagnées de trois vautours d'or, deux en chef et un en pointe.

Cette famille tenait sa noblesse des Lettres d'anoblissement obtenues en l'année 1614 par Simon Beaudoux demeurant à Bar, dans lesquelles il est exposé qu'il était sorti d'une famille noble que les malheurs de la guerre avait occasionné la perte des titres justificatifs de sa noblesse.

De son mariage avec Cugnisse Barbiton il eut entre autres enfants, un fils nommé François, décédé revêtu d'un office de Conseiller auditeur en la Chambre des Comptes dudit Bar, lequel fut marié à Françoise Bouvet, d'extraction noble, dont il n'eût que des filles, de même que Nicolas Beaudoux, son frère, de son mariage avec Françoise Didelot, aussi de condition noble, pourquoi cette noblesse fut éteinte à leur mort.

Les familles qui en viennent par les femmes sont :

Celles de Bouvet et Colliquet du Bourg par le mariage de Ga-

brielle Beaudoux avec François de Briel Dechantemelle, seigneur
de Tannois, lieutenant-colonel du régiment d'Anjou, et par interposition de Renée de Briel, femme de François de Bouvet et du
mariage de ladite Gabrielle Beaudoux, en secondes noces avec
Alexandre de Rouyn, etc.

Et celle de Le Mosleur par Sébastienne Beaudoux, femme de
François Le Mosleur.

Il y a encore d'autres familles nobles qui viennent par les
femmes de Nicolas Beaudoux ayeul de l'anobli par le mariage
de Barbe Beaudoux, sa fille, avec Jean Poyard qui sont celles
de Vasse, Longeaux, Vassart, Drouin, Maillet et Gérard,
gruyer.

BELAMY et ROSIÈRES — Famille éteinte.

BELAMY : *Portait : de gueules à la fasce d'or accompagnée de
quatre berceaux d'argent, deux en chef et deux en pointe.* .

ROSIÈRES : *De gueules aussi à la fasce d'or accompagnée d'un
muffle et d'une étoile de même, l'un en chef et l'autre en
pointe.*

La noblesse de la famille Belamy, venait des Lettres d'anoblissement obtenues en l'année 1532 par Robert Belamy,
concierge du château de Bar, dont un fils nommé Jean fut marié à Antoinette Lescamoussier, duquel mariage il ne resta
que des filles, l'une desquelles nommée Jeanne Belamy épousa
Urbain Marchal, alias... Rosières, réputé noble, dont il eut
entre autres enfants un fils nommé Louis Rosières.

Ledit Robert Belamy engendra encore une fille nommée Nicole qui fut conjointe par mariage avec Claude de L'Eglise;
mais il ne reste de descendants de ces familles que par
les femmes, savoir :

Celle de Bar et Colliquet de Rosne par le mariage de Louise
Rosières avec Robert de Bar dont le fils en a repris la noblesse.

Celles de Billault-Leschicault-Serre, Vyart-Serre et Rogier,
médecin, par Jeanne de L'Eglise, femme de Balthazard Leschicault.

BERTEL — Famille éteinte.

Portait : d'azur à trois fasces d'or accompagnées de trois tour-
teaux d'argent posés en fasce.

Cette famille était réputée noble et en prenait les qualités dès
le milieu du xvie siècle, temps auquel Nicolas Bertel, vint
établir sa demeure en la ville de Bar aux environs de l'an 1540,
où il épousa Lucie Lescamoussier, et dont les enfants de l'un et
de l'autre sexe ont toujours continué de jouir des privilèges
attachés à la noblesse sans trouble ni empêchement ; mais cette
famille ne subsiste plus aujourd'hui par défaut de mâles.

Les familles qui en descendent par les femmes sont :

Celles de Colliquet, Longeaux, de Billault-Leschicault, Lescale de Louppy, et Demarne du Bourg, par Jeanne Bertel,
femme de Jean de Mussey et par interposition de Claude de
Mussey, femme de François Colliquet, de Sébastienne de Mussey, femme de Sébastien de Billault, d'Anne de Mussey, femme
de Claude de Lescale, et de Marie de Mussey, femme de Jean
Longchamp.

Et celles de Gallois de Rampont, établie à Ligny par Marg^{te}
Bertel, femme de Charles de Gallois de Rampont, demeurant
près de Wassy.

BERTRAND-DUPLATEAU — Famille éteinte.

Portait : d'argent au chevron d'azur chargé de cinq larmes
d'or, accompagné de 3 coupes de gueules, 2 en chef et 1 en
pointe.

La noblesse de cette famille vient des Lettres de reprise
maternelle obtenues en l'année 1648 par Jean-Baptiste, Pierre
et Daniel Bertrand frères, dem^t à Erize-Saint-Dizier, du côté
de Marg^{te} Platel, leur mère, femme de Daniel Bertrand, dem^t
audit Erize, laquelle était fille de Didier Platel et de Susanne
Thiéryon, et ajoutèrent à leur nom celui de Duplateau.

Leurs descendants de nom et d'armes, sont :

Bertrand-Duplateau, avocat ez siège de Bar qui a postérité de son mariage avec Marie-Anne Chaudron, et deux sœurs non mariées;

Bertrand, curé de Méligny;

Bertrand, sieur de Rinsolle, qui a postérité;

Bertrand, femme de Charles Lemoyne;

Sa sœur veuve..... de Monhairon.

L'une et l'autre sans postérité.

BEURGES (de)

Porte : d'azur au cherron d'or accompagné de deux coquilles d'argent en chef et d'un cygne de même en pointe tenant en son bec une vipère dè sable.

Cette famille tient sa noblesse des Lettres d'anoblissement obtenues en l'année 1464 par Jean Beurges, clerc d'office de l'Hôtel du Roi René d'Anjou, dont le fils ou petit-fils nommé aussi Jean revêtu du même emploi et ensuite de celui de contrôleur général des domaines de Lorraine et Barrois dans lequel il est mort, laissant d'un premier mariage avec Cath^{ne} Deumont, d'extraction noble, un fils nommé Gaspard de Beurges, seigneur de Remicourt, dont trois des descendants sont morts, l'une en qualité de conseiller en la cour du Parlement de Paris, et les deux autres successivement en celle de président de la Chambre des Comptes de Bar, dont il reste postérité.

Et d'un second mariage avec Anne Pelegrin, ledit Jean Beurges eut encore un fils nommé Charles, bailli de Nomény, dont une fille nommée Philippe fut mariée à Charles Ducambout, marquis de Coislin, dont elle eut postérité qui forme aujourd'hui une alliance illustre avec les princes de la maison de Lorraine sortis d'Henry, comte d'Harcourt, grand écuyer de France et de Marguerite-Philippe Ducambout, de même qu'avec celle d'Espernon par le mariage de Bernard de Nogaret, duc d'Espernon avec Marie Ducambout, sœur de ladite Philippe.

Les descendants de nom et d'armes de cette famille qui existent aujourd'hui, sont :

Jean-Baptiste de Bourges, seigneur de Tremont et Renesson qui a postérité de son mariage avec Anne de Bourges, sa cousine;

Claire et Louise ses sœurs non mariées,

et Barbe de Beurges, veuve de Jacque de Saint-Vincent, seigneur de Narcy, capitaine au régiment de Marsan, sans postérité;

Alexandre de Beurges, seigneur de Ville-sur-Saulx, etc., chevalier de l'ordre militaire de Saint-Louis, ancien capitaine de grenadiers au régiment de Marsan, non encore marié;

Joseph de Beurges, seigneur de Merval, etc., capitaine audit régiment, pareillement non marié;

Jean-Baptiste de Beurges, seigneur de Buisson, y demeurant, qui a postérité de son mariage avec Françoise de Lescale;

Antoinette de Beurges qui a épousé Jean-Baptiste de Beurges, son cousin ci-devant énoncé;

Et Catherine de Beurges qui a postérité de son mariage avec Jean-Baptiste-Philippe de Joybert, seigneur de Villers, y demeurant.

La famille d'Alençon descend de celle de de Bourges par reprise de Louise de Beurges, femme de François d'Alençon, lieutenant général au bailliage de Bar.

BIGORNIER — Famille éteinte.

Portait : d'azur à la croix tréflée d'or au pied fiché cantonnée à gauche d'une étoile de même.

Cette famille était tenue et réputée noble dès auparavant 1570, temps auquel Jean Le Bigorgnier était maire de la ville de Bar, lequel en tous actes authentiques prenait les qualités attachées à la noblesse dont l'origine est inconnue à l'auteur de ce recueil. Il ne sait non plus si Nicolas Le Bigorgnier, frère dudit Jean, laissa postérité de son mariage avec Catherine Liétart, de condition noble, mais il est à sa connaissance que cette famille est éteinte depuis très longtemps dans l'étendue du bailliage de Bar par défaut de mâles. J'ignore au surplus s'il y a quelques familles qui en viennent par les femmes.

BILLAULT

Porte : d'argent à la bande d'azur accompagnée en chef d'une hure de sanglier arrachée de sable allumée d'argent et d'un treillis de même en pointe.

Cette famille originaire de Montdidier en Picardie établie dans le Barrois et la Lorraine vers la fin du xv° siècle fut reconnue et déclarée d'extraction noble et de généalogie par Lettres du duc Charles III données à Nancy, le 17 novembre 1579.

Sur les titres et renseignements produits en son Conseil par Jean de Billault, sieur de Grancart, demeurant à Bar, ce qui a encore été reconnu tant par décret émané du Conseil du roi Louis XIV que par différentes ordonnances des Intendants de Lorraine et Barrois postérieurement aux Lettres d'anoblissement obtenues en l'année 1641 par Sébastien et Nicolas, ses petits-fils dont les descendants n'ont pas cru devoir se servir pour se maintenir dans leur noblesse ancienne, mais seulement pour réparer quelques faits de roture occasionnés par le malheur des guerres, que l'on aurait pu imputer à un de leurs ancêtres.

Les descendants de nom et d'armes qui restent aujourd'hui de cette famille en la ville de Bar, sont :

Sébastien et Nicolas de Billaut frères, non mariés ;

Nicolas de Billaut et Barbe sa sœur, non mariés;

Simon de Billaut, avocat ez siège de Bar ;

Gaspard de Billaut, capitaine d'infanterie au régiment Royal-Lorraine ;

Marie et Antoine de Billaut, enseigne audit régiment, non encore mariés, tous frères et sœurs.

Les familles nobles qui en viennent par les femmes, sont :

Celles de Billaut-Leschicault qui a repris cette noblesse du côté d'Anne de Billaut, femme de Philippe Barbillat-Leschicault, capitaine de la force dudit Bar.

Celle de Longeaux par le mariage de Barbe de Billaut avec Charles Sébastien Longeaux, ancien capitaine d'infanterie au régiment de Lorraine ;

Les petits-enfants de défunt Pierre de Billaut sieur Depreville, seigneur de Saudrupt, savoir : Marie-Anne de Grossolles qui a épousé Antoine de Malafosse, baron du Couffour, capitaine de cavalerie au régiment de Condé, et Marie-Françoise de Grossolles, sa nièce dame du seigneur de Saudrupt.

La famille de Bugnot de Farémont, par Marguerite de Billaut, femme de Guillaume Bugnot, seigneur dudit Farémont, lieutenant-colonel dans les troupes du roi, etc.

Celles de Colliquet, de la ville haute, de Courcelles et Thomassin d'Ambly en viennent aussi par Anne de Billaut, femme d'Antoine Colliquet, prévôt de Louppy-le-Chatel ;

Et celles de Boisguerin et Pouppart par Louise de Billault, femme de Henri Boisguerin, sieur de Bernecourt.

BLAYVES (DE) — Famille éteinte.

Portait : d'azur à la fasce d'or chargée de deux jumelles de gueules accompagnées de trois étoiles d'or en chef.

La noblesse de cette famille venait des Lettres d'anoblissement obtenues en l'année 1622 par Richard de Blayves, capitaine de bourgeoisie du Bourg, demeurant à Bar, avec permission de prendre et porter les armes de Jeanne d'Ambrières, son aïeule maternelle ; mais elle est éteinte depuis quelques années par le décès de René de Blayves, dernier de ses descendants mâles. Cependant Barbe de Blayves, sa sœur qui lui a survécu a cru par ses dispositions testamentaires, devoir la faire renaître en quelque façon en la personne de François, baron de Lévoncourt lieutenant général au bailliage de Bar, son cousin, à cause de Marie de Blayves, son aïeule maternelle, en le faisant légataire universel de ses biens, à charge par lui de prendre le nom et les armes de Blayves.

Les familles qui sont sorties du dit Richard de Blayves par les femmes sont : celle de Gillot de Furtche, établie en Lorraine allemande par Françoise de Blayves, femme de Gaspard Gillot ;

Celles de Hannel de Romécourt et Regnault par le mariage de Marie de Blayves avec Jean Aubertin et interposition de Marie Aubertin, femme de Pierre Hannel, Maître des comptes de Bar ;

Et celles de Lemoine et Macuson par Barbe de Blayves, femme de Jean Poyart, avocat au siège dudit Bar et interposition du mariage d'Antoinette Poyart, avec Louis Lemoine.

Il y a encore d'autres familles qui viennent des frères et sœurs dudit Richard de Blayves qui sont : celles de Billault-Leschicault, Longeaux, Colliquet, de la ville haute, Bernecourt, Pouppart, Bugnot de Farémont et les petits-enfants de Pierre de Billault, sieur d'Epreville, seigneur de Saudrupt par le mariage d'Antoinette de Blayves avec Sébastien de Billault, premier du nom.

Celles de Demarne du Bourg et de Lescale du Petit-Louppy en viennent pareillement par le mariage d'Anne de Blayves avec Jean de Mussey, et interposition de celui de Marie de Mussey avec Jean Longchamp et d'Anne de Mussey avec Claude de Lescale, etc.

BLONDELOT — Famille éteinte.

Porte : moucheté d'hermine chappé d'azur au chef d'or chargé de trois merlettes de sable.

La noblesse de cette famille vient des Lettres d'anoblissement obtenues du roi Louis XIV en l'année 16..., par Jean Blondelot, commandeur de l'ordre de Saint-Lazare, demeurant à Bar, dont il reste postérité en ladite ville et hors de la province, savoir :

Un fils nommé... Blondelot de Molitart, présentement officier en l'Hôtel des Invalides, et X... Blondelot, son frère, capitaine au régiment de Polignac, qui a aussi un fils lieutenant audit régiment.

BOISGUÉRIN DE BERNÉCOURT — Famille éteinte.

Porte : d'argent à trois bandes d'azur au chef de gueule chargé de trois croix d'or au pied fiché.

Cette famille tient sa noblesse des Lettres d'anoblissement obtenues en l'année 1534 par Claude Guérin, archer des gardes du duc Antoine, dont les descendants ont pris depuis le surnom de Boisguérin, auquel a été ajouté celui de Bernécourt, en vertu des Lettres de permission obtenues à cet effet en l'année 1633, et parce que Jean et Anne Boisguérin ses descendants. possédaient la seigneurie de Bernécourt.

Il ne reste aujourd'hui en la ville de Bar qu'un seul mâle sorti de cette famille nommé Philippe Boisguérin de Bernécourt encore est-il sans postérité de son mariage avec Madeleine Aubry et sans espérance d'en avoir ;

Et Jacque, curé de Neuville.

Henry Boisguérin de Bernécourt, chevalier de l'ordre m^{re} de Saint-Louis, ancien capitaine d'infanterie pour le service du roi demeurant à Érize-la-Grande qui a postérité de son mariage avec N... De Lafaloise.

L'auteur de ce recueil ignore quelles sont les familles qui viennent par les femmes.

BOUCHART — Famille éteinte.

Portait : gironné d'argent et de guëules de 8 pièces et sur le tout une ombre de soleil d'azur posé en abyme.

La noblesse de cette famille venait des Lettres d'anoblissement obtenues en l'année 1496 par François Bouchart, demeurant à Bar, prévôt de la dite ville ; mais elle n'existe plus dès le xvie siècle par défaut de mâles.

Les familles qui en descendent par les femmes sont :

Celles de Vyart, avocat général audit Bar, et les familles qui en sont sorties par interposition sont Vyart de Cousances ; Dutertre ; Colliquet, de Levoncourt ; Guerrier, établie à Metz ; Heyblot ; de Lescale ; de Billault ; Laurent de Billault-Leschicault ; Alliot et Lafaulche.

BOUCHER

Porte : d'azur au chevron d'or chargé d'une croix de gueule accompagnée de deux lions affrontés d'argent lampassés de gueules.

Cette famille tient sa noblesse des Lettres d'anoblissement

obtenues en l'année 1621 par Jean Boucher, prévôt de Pierre-litte, qui de son mariage avec Françoise Marlier engendra plu-sieurs enfants de l'un et de l'autre sexe, entre autres un fils nommé Pierre qui fut marié à Marie Dordelu, de condition noble, dont il eut Jean et Nicolas Boucher, qui ont formé deux branches et dont les descendants de nom et d'armes de mâles en mâles existant aujourd'hui sont :

Nicolas Boucher, établi en la ville de Commercy ;

Ignace Boucher son frère, seigneur de Morlaincourt en partie, capitaine, prévôt et gruyer de Louppy-le-Château, y demeu-rant qui a postérité de son mariage avec Françoise Colliquet et entre autres enfants un fils nommé Joseph qui a pareillement postérité en bas-âge de son mariage avec défunte Françoise Vassart, et une fille aînée nommée Jeanne qui a épousé Nicolas Claudot, demeurant à Beurey dont elle a postérité ;

Alexandre Boucher, seigneur en partie dudit Morlaincourt ancien capitaine d'infanterie au régiment d'Orléans, sans posté-rité jusqu'à présent de son mariage avec Thérèse de Noirel, son épouse en secondes noces ;

François Boucher, frère du précédent, sieur de Rollecourt, chevalier, capitaine audit régiment non encore marié ;

Alberte Marguerite Boucher, veuve de Nicolas Mathieu. Pos-térité de l'un et de l'autre sexe.

Les familles qui en viennent par les femmes sont :

Celle de Heyblot qui a repris cette noblesse du côté de Marie Boucher, femme de Joseph Heyblot, receveur de Pierrelitte.

Celle de Bertrand-Duplateau, Jobart-Longeaux et Billault Leschicault par la susdite Marie Boucher, femme de Joseph Heyblot.

Celle de Colliquet de la ville basse, par Françoise Boucher, femme de Pierre Colliquet, prévôt dudit Bar ;

Et celles de Longeville et Rodouan de Morlaincourt par Mar-guerite Boucher, femme de François de Mussey.

BOUDET — Famille éteinte.

Portait : de gueules à la fasce dentelée d'or accompagnée de trois étoiles de même, deux en chef et une en pointe.

L'origine de la noblesse de cette famille venait des Lettres d'anoblissement obtenues en l'année 1489 par Jean Boudet, natif de Varennes, conjointement avec Vautrin Gervaise, son cousin-germain, anobli par les mêmes lettres, lequel était venu quelques années auparavant transférer son domicile en la ville de Bar où il est mort revêtu d'un office de conseiller auditeur en la Chambre des Comptes dudit Bar, laissant pour successeur audit office René Boudet, son fils aîné, seigneur de Méligny-le-Grand, décédé audit Bar en qualité de président de ladite chambre.

Les descendants mâles de cette famille (s'il en reste quelques-uns dans les États de Lorraine et de Bar) sont inconnus à l'auteur de ce recueil, et il n'en sait point d'autres existantes en la ville de Bar, qui en soient venues par les femmes, que celle de Derouyn par le mariage de Louise Boudet avec Jacque Derouyn, conseiller auditeur en ladite Chambre. Et les familles qui en descendent par interposition (Voyez l'article Derouyn).

Celle de Moitrey à présent de Custine établie en Lorraine en vient aussi par Marguerite Boudet, femme d'Hubert de Moitrey, seigneur de Custine, Maizey, etc.

BOULART — Famille éteinte.

Portait : d'argent à trois aigles éployées de sable, une en chef posée au canton senestre de l'écu, et deux en pointe au franc canton d'or chargé d'un lion rampant d'azur lampassé de gueules.

Cette famille originaire de l'Ile-de-France fut reconnue d'ancienne extraction noble par les Lettres obtenues à cet effet en l'année 1601 par Jean de Boulart, alors établi en la ville de Bar, mais elle n'existe plus aujourd'hui par le décès des enfants d'Étienne de Boulart, dont il n'y reste aucun descendant de l'un ni de l'autre sexe.

L'auteur de ce recueil ne connaît que la famille de Billault, et celles qui en descendent qui en soient sorties par Nicole de Boulart, femme de Nicolas de Billault.

BOURLON

Porte : d'azur à la fasce d'argent chargée de trois tourteaux de gueules accompagnée de trois roses d'or, deux en chef et l'une en pointe.

La noblesse de cette famille vient des Lettres d'anoblissement obtenues en l'année 1723 par Jacque Bourlon, natif de..... propriétaire à la forge d'Haironville, y demeurant, lequel a postérité non encore établie.

BOURNON

Porte : de Sinople à un livre d'argent fermé d'azur garni d'or.

Cette famille dont il ne reste plus de descendants mâles en la ville de Bar ni dans son district, tirait sa noblesse des Lettres d'anoblissement accordées en l'année 1560, à Jacque Bournon, alors avocat à Saint-Mihiel, originaire du Clermontois, depuis maître des requêtes ordinaires du grand-duc Charles III ; Bernard Bournon, son fils lui succéda audit office de conseiller en ladite Chambre et laissa postérité de son mariage avec Marie de l'Eglise, d'extraction noble.

L'auteur de ce recueil ne connaît qu'un seul descendant mâle de cette famille établie en la prévôté de Souilly sans postérité il ne sait au surplus s'il y a quelques familles en la ville de Bar qui en viennent par les femmes.

BOUVET

Porte à présent : d'azur au bœuf passant d'or à trois étoiles de même en chef.

La noblesse de cette famille vient des Lettres d'anoblissement obtenues en l'année 1501 par François Bouvet, fourrier des lo-

gis du duc René de Lorraine, roi de Sicile, établi en la ville
de Bar aux environs de ladite année, lequel a eu de son mariage
avec Anne Fresneau, de condition noble, entre autres enfants,
un fils nommé Michel mort en 1566 revêtu de l'office de Procureur général au bailliage de Bar, laissant plusieurs enfants
de son mariage avec Anne de Lepougnant, aussi d'extraction
noble, dont l'aîné pareillement nommé Michel fut prévôt dudit
Bar et Conseiller en la Chambre des Comptes et dont il ne reste
postérité que par Christienne, sa fille unique, mariée à François Derouyn (Drouyn) conseiller en ladite chambre et prévôt
en ladite ville, ne restant plus pareillement que par les femmes,
de postérité de deux autres de ses frères nommés Jacques et
Michel le Jeune ; le 1er étant mort conseiller en ladite chambre et grayer dudit Bar et le 2e ayant transféré son domicile en
Lorraine, où il épousa Agnès de Beaufort d'extraction noble,
mourut à Nancy, en qualité de secrétaire d'État et de président
de la Chambre des Comptes de Lorraine.

Ainsi les descendants de cette famille de nom et d'armes existant aujourd'hui viennent de Jean Bouvet, frère desdits Michel
l'aîné, Jacques et Michel le jeune, mort conseiller auditeur en
ladite Chambre des Comptes de Bar, lequel avait épousé Antoinette Symonin, d'extraction noble dont la postérité existe aujourd'hui de mâles en mâles.

Il y a une épitaphe en l'Eglise Saint-Maxe à Bar où il est dit
que ledit Michel était issu des anciens Comtes de Bouvet d'Ast
en Piémont.

Il obtint des Lettres de gentillesse en 1610 et ses armes sur-
chargées.

Lesdits descendants de nom et d'armes sont :

Théodore de Bouvet, seigneur de Robert-Espagne, Erize-la-
Grande, Nervale, etc.., ancien lieutenant-colonel dans les troupes du duc Léopold et sous-lieutenant des chevau-légers de sa
garde, lequel fut décoré par ce prince du titre de baron en l'année 1724, conjointement avec François de Bouvet, son oncle
seigneur du Val de Vassy, l'un de ses conseillers d'Etat et en
sa Chambre des comptes de Bar, par Lettres patentes données à

Lunéville dans lesquelles il est exposé entre autres choses, qu'un de leurs auteurs était président impérial en l'année 1373, et quelqu'uns de ses descendants ont été chevaliers des ordres de Saint-Jean de Jérusalem et de Saint-Michel.

Jean-François baron de Bouvet, son cousin-germain, seigneur de Scrupt, etc.., ancien conseiller de la dite Chambre des comptes de Bar et présentement gentilhomme du roi de Pologne, lequel a postérité de son mariage avec Jeanne Desroseaux, et entre autres enfants deux fils qui sont au service du roi, l'un en qualité de capitaine de cavalerie et l'autre en celle de lieutenant d'infanterie;

Bernard de Bouvet, seigneur de Saint-Vrain, y demeurant, ancien capitaine de cuirassiers dans les troupes de l'empereur, lequel n'est pas encore marié;

Charles chevalier de Bouvet, capitaine de dragons dans le régiment de Beauffremont, qui a postérité de l'un et de l'autre sexe de son mariage avec Marie de Romécourt.

Les descendants de cette famille par les femmes sont :

Celle de De Rouyn, par le mariage de Christienne Bouvet avec François de Rouyn, prévôt de Bar; et les familles qui viennent de celle de De Rouyn par interposition, savoir :

Peschart, Colliquet du Bourg et Le Bègue de Nonsard.

Celles de Didelot et Le Mosleur par Marguerite Bouvet femme de Claude Didelot et Françoise Bouvet femme de François Beaudoux.

Et celles de Cachedenier, Desvoulton, de Bar, et de Neyon par Barbe Bouvet femme de Philippe de L'Église (Voy. l'art. de ce nom).

BRAULLEY — Famille éteinte.

Portait : d'argent à la fasce d'azur surchargée d'un barbeau d'or au chef de gueules.

Cette famille était tenue et réputée d'ancienne noblesse dès le commencement du XVI⁰ siècle, en la ville de Bar et dans l'étendue de son district tant en la personne de Nicolas Braulley, maire de ladite ville en l'année 1519 qu'en celle de Henry

Braulley, son frère et de Jeannette Braulley leur sœur, alors veuve de François de Rosières clerc-juré en la gruerie dudit Bar ; mais il paraît que cette famille fut éteinte dans le cours du même siècle par défaut de mâles.

Celle de De Rosières présentement établie dans la ville et le bailliage de Saint-Mihiel en descend par la susdite Jeannette Braulley, de même que les familles qui viennent de celle de De Rosières par les femmes.

BRIEL — Famille éteinte.

Portait : d'azur au chevron d'or, à un cor de chasse de même lié de gueules pendant au chevron.

L'ancienneté de la noblesse de cette famille fut reconnue dès l'année 1486, en la personne d'Aubry Briel, seigneur de Blénod-les-Toul, Pulnoy, etc., échevin de la ville de Toul et en celle de Varin, son fils, lequel possédait plusieurs fiefs et seigneuries dans l'étendue du bailliage de Bar et particulièrement dans les villages de Longeville et Tannois ; conjointement avec Jeanne de Briel, sa sœur, femme de Jean de La Mothe, conseiller auditeur des comptes du Barrois, lesdits Varin et Jeanne de Briel, enfants procréés du mariage dudit Aubry avec Catherine Mole, de Chaudeney d'ancienne extraction noble, dont la mère était fille du seigneur Jean Pourceletz, chevalier qui fut marié à René Mole, sieur de Chaudeney, bailli d'Epinal.

Quant audit Varin de Briel, il paraît par quelques actes judiciaires qu'il avait épousé en premières noces Adeline Dautrey, de très noble famille, dont il n'eut qu'un fils unique nommé Albéric de Briel, seigneur de Bétancourt, Taillancourt, Pont-sur-Madon, Blénod-lès-Toul, Derbamont et Circourt ; et plusieurs autres enfants du deuxième mariage dont il ne reste plus de descendants mâles, non plus que dudit Albéric dès le XVIᵉ siècle. — Le dernier nommé Martin de Briel étant mort à Longeville sans postérité de l'un ni de l'autre sexe de son mariage avec Jeanne de Seraucourt, et les autres n'ayant laissé que des filles dont quelques-uns des descendants reprirent la noblesse aux termes de la coutume de Bar, savoir :

François Gérard, demeurant à Tannois, s'étant allié par mariage à cette famille, les enfants reprirent en 1612, la noblesse de Claudine de Briel, leur mère et en prirent le nom auquel fut ajouté celui de Chantemel.

Claude Laurent et Didier Latourte, son frère utérin, demeurant à Tronville, firent pareille reprise en 1568 du côté de Mesline de Briel, leur mère, fille de Périn de Briel et de Jeanne Jolyot.

Les familles qui en viennent par les femmes sont :

Celle de Bouvet par ladite Claudine de Briel et par interposition du mariage de Renée de Briel de Chantemel avec François de Bouvet, seigneur du Val de Vassy et conseiller en la Chambre des Comptes de Bar.

Celles de Laurent de Briel et de Billault-Laurent par la susdite Mesline de Briel, femme de Claude Laurent.

Et celles de Rosières, De Rouyn et Jobart et leurs descendants par les femmes, en viennent aussi par la susdite Jeanne de Briel femme du susdit Jean de La Mothe.

Il y avait encore une famille de Briel dans la ville de Bar dont Jean Thieryon, accoucheur de S. A. R. Madame la duchesse de Lorraine a obtenu de reprendre la noblesse en l'année 1719 par Jeanne de Briel, sa mère fille de Martin de Briel, demeurant à Bar.

BROULIER, a présent BROUILLY

Porte : de gueules au Lion d'argent lampassé et couronné d'or.

La noblesse de cette famille vient des Lettres d'anoblissement obtenues en l'année 1726 par Jean Broulier, demeurant à Loisey, dont les enfants prennent à présent le surnom de Brouilly, tel qu'il est dans lesdites Lettres.

Les descendants sont :

Jean-Charles Brouilly, lieutenant particulier de la prévôté de Bar, qui a postérité de son mariage avec Françoise Chomprey ;

Marie-Marguerite Brouilly, femme de Joseph Thieryon de Briel, lieutenant général de la prévôté de Bar qui a pareillement postérité.

Et Nicolas Brouilly, non encore marié, conseiller au bailliage de Saint-Mihiel, et une fille pareillement non mariée.

Il y a encore à Bar une autre branche de ce nom éteinte par défaut de mâles, laquelle vient de Simon Broulier avocat audit Bar.

BRUSLÉ — Famille éteinte.

Portait : d'or à une étoile de gueules posée en cœur, au chef d'azur chargé de deux voiles de navire d'or.

Cette famille tenait sa noblesse des Lettres d'anoblissement obtenues en l'année 1439, par Pierresson Bruslé, conseiller secrétaire ordinaire du duc René d'Anjou, roi de Sicile, auditeur en sa Chambre du conseil et des Comptes de son duché de Bar, qui eut plusieurs enfants de son mariage avec Isabelle de la Réaulté de condition noble.

L'aîné desquels nommé François est mort doyen de l'Église Saint-Pierre dudit Bar, Maxe et Pierre Bruslé ses frères, n'ayant point laissé de postérité de l'un, ni de l'autre sexe, il n'en reste aujourd'hui que par Jeanne et Claude leurs sœurs ; la 1re de son mariage avec Jean Cousin, conseiller, secrétaire dudit seigneur et auditeur en la dite Chambre, et du mariage de la seconde avec Jean de L'Église, procureur général de Lorraine.

Les familles qui viennent de ces deux femmes Jeanne et Claude Bruslé, sont : celle de Lamorre et les descendants de cette famille par les femmes, de Jobart et pareillement ses descendants par les femmes, lesquels viennent du mariage de ladite Jeanne Bruslé avec ledit Jean Cousin (Voyez les art. de Cousin, de Lamorre et Jobart).

Et par ladite Claude Bruslé, femme dudit Jean de L'Église, celles d'Alençon, Cachedenier, etc. (Voyez l'art. de L'Église).

BUGNOT — Famille éteinte.

Portait : d'azur au chevron d'or accompagné de deux coquilles d'argent en chef et d'une épée à lame de même à la poignée d'or dressée en pal.

La noblesse de cette famille venait des Lettres d'anoblissement obtenues en l'année 1552 par Martin Bugnot, avocat ez-sièges de Bar, dont la postérité fut éteinte dans ce même siècle par défaut de mâles, ne lui étant resté que deux filles de son mariage avec Claude Cousin, fille du Président Maxe Cousin, laquelle étant veuve épousa Jean Mangin, trésorier général de Lorraine.

L'une des deux filles de son premier mariage nommée Claude, épousa Blaise Thiébaut, demourant audit Bar, et l'autre nommée Marie fut mariée à N..... Denay, demeurant en la ville de Ligny, lesquelles ont laissé postérité.

BUGNOT de FARÉMONT

Il y a encore présentement en la ville de Bar une autre famille de Bugnot originaire de Vitry-le-Français qui porte pour armes : *d'or à trois pigeons d'azur, deux et un tenant en leurs becs une palme au naturel.*

Cette famille vient de Guillaume Bugnot, seigneur de Farémont, lieutenant-colonel d'infanterie pour le service du roi, qui épousa audit Bar Marguerite de Billault, de condition noble, duquel mariage il reste en ladite ville de Bar :

Pierre Bugnot, seigneur de Farémont qui a postérité, et Guillaume, son frère, capitaine d'infanterie au régiment de Soissonnais, qui a pareillement postérité de son mariage avec Barbe Drouin.

CACHEDENIER de VASSIMON — Famille éteinte.

Portait : écartelée au 1er d'or, au 2e de gueules à une étoile d'or, au 3e d'azur et au 4e d'argent à la croix de sinople brochante sur le tout partagée d'un filet d'or.

La noblesse de cette famille vient des Lettres de reprise maternelle et de réhabilitation obtenues en l'année 1632 par Abraham Cachedenier, demeurant alors à Pierrefitte, du côté de Marguerite Gaynot sa mère, femme de François Cachedenier laquelle tenait son extraction noble aussi par sa mère Henriette

de Combles, issue d'ancienne noblesse qui avait épousé Nicolas Gaynot, demeurant à Bar, père de la dite Marguerite.

Du mariage dudit Abraham Cachedenier avec Claudon Thiéryon, veuve d'Alexandre Malaisé, il eut un fils nommé Daniel qui fut revêtu d'un office de conseiller en la Chambre des Comptes dudit Bar auquel succéda Abraham-François Cachedenier de Vassimon, son fils, né de son mariage avec Marguerite de L'Église, d'extraction noble, lequel a laissé postérité de nom et d'armes, existante aujourd'hui en la ville de Bar, savoir :

Gabriel Cachedenier de Vassimon, doyen de l'église collégiale de Saint-Pierre dudit Bar, Jeanne et Anne Cachedenier de Vassimon, ses sœurs non mariées ;

Benoit Cachedenier de Vassimon, seigneur de Longeville et Uruffe, conseiller et maître auditeur en ladite chambre des comptes de Bar qui a postérité de son mariage avec Henriette de Soisy ;

Gabrielle Cachedenier de Vassimon mariée à Antoine de Lamorre, seigneur de Savonnières, ancien conseiller d'Etat et doyen actuel des conseillers, maîtres et auditeurs en ladite chambre, dont elle a pareillement postérité.

François Cachedenier de Vassimon, ancien capitaine au rég^t. des gardes du duc François III, lequel a aussi postérité en bas-âge de son mariage avec Anne Regnault.

Il y a encore d'autres descendants de nom et d'armes, sortis du mariage du susdit François Cachedenier avec la susdite Marg^{te} Gaynot, lesquels viennent de Daniel Cachedenier leur fils aîné qui alla établir sa résidence et sa fortune en Allemagne où il a laissé postérité, actuellement existant en Saxe.

La famille de Gaulme, établie dans la prévôté de Ligny, descend de celle de Cachedenier par le mariage de Marg^{te} Cachedenier avec François Gaulme, dem^t alors à Nantois.

CAMUS DE COURCELLES

Porte : tranché d'or et d'argent au Lion de sable rampant sur le tout.

La noblesse de cette famille vient des Lettres d'anoblissement obtenues en l'année 1618 par Nicolas de Camus dit Lachaussée Lavaux, natif de Combles, village dépendant de la prévôté de Bar, alors archer des gardes du bon duc Henri et dont les descendants ont ajouté à leur nom celui de Courcelles, l'un desquels, nommé François est mort mestre de camp de cavalerie dans les troupes du roi, lequel laissa entre autres enfants de son mariage avec Nicole de Vigneulle, d'extraction noble, un fils nommé Charles de Camus de Courcelles, seigneur du fief d'Haironville dont il ne reste aujourd'hui que deux filles qui sont les dames Cholet de Longeau et de Maipas, lesquelles ont postérité. Ne restant plus de descendants mâles de cette famille, le dernier qui était leur neveu, fils de défunt Bernard de Camus de Courcelles, seigneur dudit fief, étant mort depuis quelques mois à Maxey-sur-Vaise, dont il était seigneur, sans laisser d'enfants, bien qu'il fût marié.

L'auteur de ce recueil ne connaît d'autres descendants de cette famille par les femmes que les enfants et petits-enfants desdites dames Cholet et de Maipas et de la défunte dame Duchesnois, leur sœur.

CAMUS, DE BAR — Famille éteinte.

Portait : de gueules à trois annelets d'or, deux en chef et un en pointe.

Cette famille se disait noble par le mariage de Nicolas Camus, conseiller en la Chambre des comptes de Bar, avec Judith Argentel, de condition noble, dont le fils nommé Jean, aussi conseiller en ladite Chambre, reprit la noblesse, sans avoir néanmoins suivi les règles prescrites en pareil cas par l'art. 71 de la coutume dudit Bar et a joui jusqu'à sa mort des privilèges réservés aux nobles de la province, en ayant pris les qualités en tous actes sans empêchement ; mais cette famille n'existe plus en ladite ville que par les femmes, ledit Jean Camus n'ayant laissé de son mariage avec Marie Lemarlorat de condition noble, que des filles qui ont laissé postérité par leur mariage.

Les familles qui en viennent par les femmes sont :

Celles de Morison et Dubois par le mariage de Marguerite Camus fille dudit Jean avec Gabriel Morison, et d'Élisabeth Camus, sa sœur avec Joseph Dubois.

Il y en a encore d'autres qui descendent par les femmes de l'aïeul dudit Jean, qui sont :

Celles de Serre, Vyart Serre et Rogier, médecin par le mariage de Marguerite Camus avec Jean Leschicault et interposition de Jeanne Leschicault, femme de Jean Rogier ;

Celles de Hannel de Romécourt et Regnault par Antoinette Camus, femme de Jean Aubertin, et interposition de Marie Aubertin, femme de Pierre Hannel, maître des comptes de Bar ;

Celles de Rodouan et de Marien, par le mariage d'Anne Camus avec Georges Gallet, et interposition de Françoise Gallet, femme de François Jacquemot.

Et celles de Billant Laurent par X... Camus, femme de Jean Le Breton et interposition de Jeanne Le Breton, femme de Nicolas Laurent de Briel.

CEINCIGNON ou SAINCIGNON — Famille éteinte.

Portait : d'or à trois têtes de canard de sable,
deux en chef et une en pointe.

La noblesse de cette famille dont l'origine n'est pas de la connaissance de l'auteur de ce recueil, était réputée ancienne dès les premières années du xvie siècle et même sur la fin du xve, temps auquel vivait Antoine de Ceincignon, mort en 1501, revêtu de l'office de prévôt de Bar lequel eut de son mariage avec Jeanne Guyot, de condition noble, fille de Pierre Guyot,

prévôt de ladite ville et de Mesline de Villers, plusieurs enfants
de l'un et de l'autre sexe au nombre de sept qui furent tous
établis par mariage et laissèrent postérité, à l'exception d'un
seul, nommé Hubert, mort en 1522, prévôt des chanoines de
La Mothe ; mais cette famille est éteinte aujourd'hui par défaut
de leurs descendants mâles, les derniers étant morts depuis
quelques années.

Les familles qui en viennent par les femmes sont :

Celles de Fouraire, de Vasse et de Vendières, de Morley par
le mariage de N... de Ceincignon avec Maximilien de Fouraire,
demeurant à Tannois.

Celles de Bouvet et Vassart Desroseaux par Marie de Ceincignon, femme de Jean Desroseaux, capitaine de dragons.

Celle de Bouvet, par le mariage de Jeanne de Ceincignon avec
Jean de Longeville et par interposition de Jeanne de Longeville, son arrière-petite-fille, femme de Jacque Bouvet.

Celle de Longeville femme de Gilles de Montarlot et interposition de Christine de Montarlot femme de Jean de Longeville,
demeurant à Revigny.

Et celle de Lepaige de Bazincourt, par le mariage d'Antoinette de Montarlot avec Varin Gaulme et interposition de
celui de Claude Gaulme avec Alexandre Lepaige.

CHANOT de BATTEL

*Porte : d'argent au chevron rompu de gueules, accompagné de
deux têtes de léopard d'azur en chef et d'une demi licorne au
naturel en pointe.*

Cette noblesse vient des Lettres de reprise maternelle obtenues en l'année 1721, par François-Hyacinthe Chanot, actuellement lieutenant en la grucrie de Bar, du côté de Madeleine
Battel, sa mère de condition noble, qui avait épousé Charles
Chanot, demeurant à Bar, duquel mariage est né ledit François Hyacinthe. Il a postérité encore en bas-âge de son mariage avec Louise de La Morre.

CHARTREUX

Porte : d'azur à la fasce d'argent chargée en cœur d'une croix ancrée de gueules accompagnée de 3 étoiles d'argent, 2 en chef et 1 en pointe.

La noblesse de cette famille vient des Lettres d'anoblissement obtenues en l'année 1719, par Joseph Chartreux demeurant au Petit-Louppy, dont il reste postérité. Ses descendants sont :

N... Chartreux, seigneur de Neuville en Verdunois, dont la fille aînée a épousé depuis peu N... Thierry de Saint-Baussant, seigneur de Montsec, etc.

CHASTEL

Porte : d'azur à la croix ancrée d'or, accompagnée de 3 étoiles d'argent 2 aux cantons du chef et 1 en pointe.

Cette famille tient sa noblesse des Lettres d'anoblissement obtenues en l'année 1713, par Nicolas Chastel demeurant à Pierrefitte, receveur des finances au bureau dudit lieu dont il reste postérité.

CHATEAU (DU) — Famille éteinte.

Portait : d'azur au château d'argent maçonné de sable.

La noblesse de cette famille, originaire de Provence, fut reconnue en l'année 1583, par Lettres patentes accordées à Antoine Du Chateau, apothicaire de Mme la duchesse de Lorraine, demeurant à Bar où il était venu transférer son domicile quelques années auparavant, mais dont il ne reste aujourd'hui postérité en ladite ville, le dernier de ses descendants mâles étant décédé depuis peu, religieux dans l'ordre des Carmes déchaussés, âgé de 94 ans.

CHEZEAUX (DE) — Famille éteinte.

Portait : de gueules au chevron d'or accompagné d'une cigogne de même en pointe.

Cette famille éteinte depuis longtemps dans la ville de Bar et dans son district était d'ancienne extraction noble, tenue et réputée, telle dès le milieu du xv siècle, temps auquel Oudet de Chezeaux vint transférer son domicile en la dite ville, où il exerça jusqu'à sa mort les offices d'auditeur des comptes et de receveur général des domaines du Barrois et dont le fils nommé Jacque de Chezeaux y est pareillement décédé revêtu de l'office de prévôt dudit Bar, ayant l'un et l'autre pris en tous actes les qualités de nobles et d'écuyers, tant en justice que dehors; mais il n'est resté qu'une fille du mariage dudit Jacque avec Catherine Guyot, veuve de Jean Lescamoussier laquelle fille se nommait Magot de Chezeaux, et fut mariée à François Depoinctes, seigneur d'Anrosey, gentilhomme bourguignon, dont elle eut postérité.

L'auteur de ce recueil ne connaît d'autres familles existantes en la ville de Bar qui soient sorties de ladite Magot de Chezeaux que celle de Lamorre, par le mariage d'Anne Depoinctes, petite-fille dudit seigneur d'Anrosey avec Charles de Lamorre, receveur des domaines du duché de Bar, et par ladite famille, celles qui en deviennent par les femmes (Voyez l'article de Lamorre).

CLAUDOT

Porte : de sinople à la fasce d'or, accompagnée de 3 étoiles de même 2 et 1.

La noblesse de cette famille vient des Lettres d'anoblissement obtenues en l'année 1715 par Gabriel-Antoine Claudot, avocat ez siège de Bar demeurant à Beurey, dont il reste postérité des deux sexes.

Ses descendants sont :

Nicolas Claudot, gruyer de l'abbaye de Trois-Fontaines qui

a postérité de son mariage avec Jeanne Boucher de Morlain-court.

N... Claudot, non mariée.

Et Jeanne Claudot, leur sœur, veuve de Simon Broulier, avocat ez siège de Bar, dont elle a deux filles mariées.

CLÉMENT — Famille éteinte.

Portait : d'azur à 3 têtes de lion arrachées d'or, lampassées
de gueules, 2 en chef et 1 en pointe.

L'origine de la noblesse de cette famille, vient de deux sources :

L'une des Lettres d'anoblissement obtenues en l'année 1593 par Georges Clément, cellerier des domaines de Bar, et depuis seigneur d'Erize-la-Grande, dont il n'est point resté de descendants mâles de son mariage avec Louise Maillet, d'extraction noble.

Et l'autre source vient de Nicolas et Charles, les Clément frères, anoblis en 1618, dont les descendants mâles de l'un des deux se sont établis à Bazincourt et ont laissé postérité.

Les familles qui sont sorties dudit Georges par les femmes, sont :

Celle de Marien par Marguerite Clément femme de Jean Marien, prévôt du château de Salins ;

Et celle de Bouvet par le mariage de Christine Marien avec Michel de Bouvet, seigneur de Robert-Espagne.

CLÉMERY (DE) — Famille éteinte.

Portait : d'or à la fasce d'azur chargée de trois besants d'argent,
accompagnée de trois poignards de gueules, en chef et d'une
tige à trois œillets au naturel en pointe.

L'origine de la noblesse de cette famille n'est pas de la connaissance de l'auteur du présent recueil, il sait seulement que vers la fin du siècle dernier George de Clémery, décédé depuis

quelques années, vint établir sa résidence en la ville de Bar où il épousa Didière Chevraux, et où il a toujours été tenu et réputé d'extraction noble, sans que la qualité d'écuyer par lui prise lui ait jamais été contestée, tant en justice qu'en tous actes authentiques de lieutenant en la gruerie dudit Bar qu'il a exercée pendant très longtemps. Il ne reste aujourd'hui de son mariage avec la susdite Didière Chevraux qu'une fille nommée Catherine de Clémery, mariée à N... de Bombel, gentilhomme originaire du pays messin dont elle a postérité de l'un et de l'autre sexe, et sont présentement résidants en la dite ville de Bar.

COLIN-DEMARNE

Porte : d'argent au rencontre de taureau de gueules annellé de sable, accompagné de deux étoiles aussi de gueules en chef.

Cette famille tient sa noblesse de la reprise maternelle faite au bailliage de Bar en l'année 1632, aux termes de la coutume dudit Bar par Daniel Colin demeurant en ladite ville du côté de Claudine Thieryon, sa mère, femme de Martin Colin et fille de Jean Thieryon-Demarne et de Nicole Massey d'extraction noble.

La dite reprise confirmée en 1704, et depuis laquelle les descendants dudit Daniel ont eu permission d'ajouter à leur nom celui de Demarne, n'étant même connu aujourd'hui que sous ce dernier nom.

Lesdits descendants de nom et d'armes qui existent actuellement sont :

Antoine Demarne, ancien chanoine de Vitry et présentement curé de Véel ;

Daniel Demarne, son frère consanguin, non marié.

Daniel Demarne, ancien conseiller en la chambre des comptes et conseiller actuel au bailliage de Bar, qui a postérité de son mariage avec Marguerite Colliquet, savoir :

Antoine Demarne, conseiller audit bailliage marié à Anne Jobart dont il a postérité de l'un et de l'autre sexe et dont l'aîné est lieutenant d'infanterie au régiment des gardes Lorraine ;

François Demarne, son frère, sans postérité jusqu'à présent de son mariage avec N... Deprébois, de même que :

Marguerite Demarne, leur sœur, mariée à François de La Lance, seigneur de Saint-André, etc.

Anne Demarne, veuve de François baron de Bouvet, etc., leur tante, pareillement sans postérité.

Et François Demarne sieur de Boncourt, demeurant à Montplonne, qui a eu de son mariage avec Anne Lepaige entre autres enfants un fils nommé Nicolas, chanoine en la cathédrale de Toul.

Bernard Demarne, son cousin germain, conseiller audit bailliage de Bar, marié à N... Gallois de Rampont, dont il a postérité encore en bas-âge.

Il n'y a d'autres descendants de cette famille par les femmes, que les enfants de Henry de Lescale, gruyer de Rembercourt-aux-Pots, procréés de son mariage avec défunte Jeanne Demarne.

COLIN DE CONTRISSON — Famille éteinte.

Portait : d'azur au massacre de cerf cantonné d'or surmonté d'une aigle éployée d'argent.

La noblesse de cette famille vient des Lettres d'anoblissement obtenues en l'année 1701, par Jean Colin, demeurant à Vassincourt, maréchal des logis de la fauconnerie du roi, lequel de son mariage avec Madeleine Lecornu de la Chapelle, engendra trois fils, l'aîné desquels nommé Jean-François connu sous le nom de la Chapelle, demeurant à Revigny, n'a laissé qu'une fille mariée à son cousin germain, sans postérité jusqu'à présent.

Le puîné nommé Gabriel, demeurant audit Vassincourt, n'ayant point laissé de postérité existante, et le plus jeune nommé Charles, seigneur de Contrisson et Villers, mort depuis peu à Lunéville en qualité de conseiller aulique du roi de Pologne, etc., a laissé de son mariage avec Anne Decheppe, plusieurs enfants des deux sexes, savoir :

Antoine Colin de Contrisson, seigneur dudit lieu, et de Vil-

lers, capitaine d'infanterie au régiment de Haynault, marié
à N... Colin de la Chapelle, sa cousine germaine sans postérité
jusqu'à présent ;

Jean Antoine Colin de Contrisson, ancien lieutenant dans le
régiment des gardes du grand-duc de Toscane, marié depuis
peu à Jeanne de Billaut-Leschicault.

N... Colin de Contrisson, abbé commendataire de... évêque
de Thermopyles.

N... Colin de Contrisson, cornette non marié, non plus que
ses sœurs N... et N...

COLLESSON — Famille éteinte.

*Portait : d'azur à la bande d'argent chargée
de trois croix de gueules.*

Cette famille tenait sa noblesse des Lettres d'anoblissement
obtenues en l'année 1527 par Vanault Colesson, seigneur de
Morlaincourt, receveur général du duché de Bar, qui de son
mariage avec Marie Paviette, de condition noble, eut plusieurs
enfants des deux sexes dont un, seigneur de Longchamp, qui
eut un fils nommé Philippe Collesson, dernier mâle de cette
famille, n'ayant laissé qu'une fille unique de son mariage avec
Barbe Dereims, laquelle fut mariée à Mathieu de Lescaille,
seigneur dudit Longchamp à cause d'elle, dont il n'est point
resté de postérité : et cinq filles mariées dont il reste descendants par interposition. — Les familles qui en viennent par
Barbe Collesson, l'une des cinq filles qui fut mariée à Dominique Dordelu et dont les enfants reprirent la noblesse, sont :

Celles de Mussey et de Boucher par les mariages de Clau-
dette Dordelu avec François de Mussey et Marie Dordelu avec
Pierre Boucher. — Et celles de Lepaige-Gaulme, Peschart et
Gainot, par le mariage d'une sœur de ladite Barbe Collesson
avec Jacque Gaulme, clerc juré en la gruerie de Louppy-le-
Chatel.

COLLIQUET

Porte : d'azur au sautoir d'argent cantonné de quatre hures de sanglier d'or.

La noblesse de cette famille prend sa source des Lettres d'anoblissement obtenues en l'anné 1556 par Mangin Colliquet, valet de chambre du grand duc Charles III, lequel a eu de son mariage avec Mesline Guyot de condition noble, plusieurs enfants des deux sexes, et entre autres un fils nommé Jean qui mourut revêtu de l'office de contrôleur des Domaines de Bar et de celui de conseiller auditeur de la Chambre des Comptes dudit Bar, et laissa postérité de son mariage avec Christienne Brunesault qui existe aujourd'hui en ladite ville.

Ses descendants de nom et d'armes sont :

Charles Colliquet, chanoine de l'insigne église de Saint-Dié ;

Hyacinthe Colliquet, son frère, ancien conseiller en la Chambre des Comptes de Bar, seigneur de Levoncourt, en partie, lequel a postérité de son mariage avec Françoise Vyart.

Marguerite Colliquet, mariée à Daniel Demarne, conseiller au bailliage dudit Bar, dont elle a postérité.

Marie Colliquet, veuve de Sébastien Joseph Jobart, exempt des gardes du corps de feu le duc Léopold, dont elle a aussi postérité.

Françoise Colliquet, femme d'Ignace Boucher, seigneur de Morlaincourt en partie, prévôt et gruyer de Louppy-le-Château, duquel elle a également postérité.

Tous ces sus-nommés, frères et sœurs, enfants de feu Antoine Colliquet prévôt de Louppy et de Jeanne de La Morre.

Les enfants de feu Pierre-Jacque Colliquet, seigneur de Rosnes et Longchamp, ancien prévôt de Bar, qui ont été décorés depuis peu du titre de baron, et dont les deux aînés sont officiers dans les troupes du roi.

Nicolas Colliquet, sieur de Brillon, leur cousin germain qui a aussi été décoré du titre de baron par la même patente, et a postérité de son mariage avec N...... Guaire :

Françoise Colliquet, sœur aînée du précédent, mariée à J. François de Longeville, ancien maître des Comptes et prévôt dudit Bar, sans postérité.

Et Charles Colliquet, leur frère, chanoine en l'église collégiale de Saint-Maxe : lesdits Nicolas, Françoise et Charles, enfants de défunt Charles Colliquet, officier dans le régiment des gardes du duc Léopold, et de Madeleine De Rouyn, à présent sa veuve.

Les familles qui en viennent par les femmes sont :

Celles de Camus de Courcelles, de Maipas et de Cholet de Longeaux par Claude Colliquet femme de Charles de Camus sieur de Courcelles, seigneur du fief d'Haironville.

Celle de Thomassin d'Ambly par Anne Colliquet femme de N... ...Dusart, etc.

Celles de Bouvet-Desrozeaux et Vassart-Desrozeaux, par le mariage de Christienne Colliquet avec Henry Gaynot et interpositation de celui de Louise Gaynot avec Gabriel Desrozeaux.

Et celle de Longeville, par Anne Colliquet, femme d'Alexandre de Montarlot et interposition de Christienne de Montarlot femme de Jean de Longeville.

COSSOUX (DE) ALIAS DESCLIMIE

Porte : d'or à trois pieds de sanglier de sable, 2 en chef et 1 en pointe.

Cette famille tient sa noblesse des Lettres d'anoblissement obtenues en l'année 1573 par Antoine de Cossoux, valet de chambre du grand-duc Charles III dont les descendants ont ajouté à leur nom celui de Desclimie, sous lequel ceux qui existent aujourd'hui sont plus connus que sous celui de Cossoux. — Lesdits descendants sont établis à Contrisson, village dépendant de la prévôté de Bar, lesquels sont sortis de Jean Desclimie, demeurant audit Contrisson et de Marguerite Lescamoussier, fille de Louis Lescamoussier et de Bernarde de Tournebulle.

COUSIN — Famille éteinte.

Portait : d'argent au pal de sable cotoyé de six coquilles de gueules posées en pal, à la bordure engrelée de même.

Cette famille était tenue et réputée noble auparavant l'année 1460, temps auquel vivait Jean Cousin, conseiller, secrétaire ordinaire du roi de Sicile et auditeur de la Chambre du conseil et des Comptes de son duché de Bar, qui de son mariage avec Jeanne Bruslé, de condition noble, engendra plusieurs enfants et entres autres un fils nommé Maxe Cousin mort président de ladite Chambre des Comptes dont il ne reste point de descendants mâles de deux fils qu'il eut de son mariage avec Lucie de Lamothe, l'un nommé François, étant mort chanoine en l'église Saint-Pierre dudit Bar, et l'autre nommé Thierry, conseiller en ladite chambre, n'ayant eu que des filles qui aient laissé postérité.

La famille de Lamorre et celles qui en descendent par les femmes viennent aussi de Cousin, par Marie Cousin, femme d'Antoine Depoinctes, sieur d'Anrozey, etc., et interposition d'Anne Depoinctes, femme de Charles de Lamorre :

Celle de Jobart et les familles qui en sont sorties par les femmes descendent pareillement de celle de Cousin par le mariage de Claudon Cousin, fille du susdit Maxe Cousin avec Jean Mangin et, par interposition, de celui de Christine Mangin avec Pierre Jobart, contrôleur des eaux et forêts en la gruerie de Bar (Voyez l'art. Jobart).

D'AY — Famille éteinte.

Portait : d'or à la fasce de sable chargée de trois besants d'argent.

Cette famille n'a existé dans la ville de Bar (suivant la connaissance qu'en peut avoir l'auteur de ce recueil) tout au plus que pendant le cours du xve siècle, et il ignore s'il y en a d'autres existantes aujourd'hui en la dite ville et dans son district qui en sont sorties par les femmes : il sait seulement qu'elle ti-

rait sa noblesse des lettres de reconnaissance de noblesse obtenues en l'année 1426 par Etienne D'Ay, conseiller Secrétaire
ordinaire de René d'Anjou et auditeur de la chambre du roi de
Sicile, mort lieutenant général du bailliage dudit Bar, sans
laisser d'enfants et suivant les apparences sans avoir été marié, comme il se voit par son testament du 17 mars 1438 par lequel il laisse ses biens à ses parents de Champagne d'où il était
originaire, étant né à Ay, près d'Epernay.

DAULCY — Famille éteinte.

*Portait : d'argent à trois losanges de gueules deux en chef
et une en pointe.*

La noblesse de cette famille était réputée ancienne dès le
commencement du xvie siècle, temps auquel Henri Daulcy sorti
d'un aïeul mort en qualité de sénéchal de La Mothe, vint établir sa résidence en la ville de Bar où il épousa Renée Boudet,
de condition noble, fille de René Boudet, président de la Chambre du conseil et des Comptes dudit Bar et où il est décédé revêtu de l'office de gruyer en la dite ville, laissant postérité,
éteinte depuis longtemps, par défaut de mâles.

Il n'est pas à la connaissance de l'auteur de ce recueil s'il y
a aujourd'hui quelques familles en la dite ville de Bar ou dans
son district qui en soient descendues par les femmes. Les comtes des Salles et de Bulgnéville en viennent par Marie Daulcy
femme du sieur des Salles, baron de Horté.

DE BAR — Famille éteinte.

Portait : parti de Rosières et Belamy.

(Voy. l'art. de Belamy).

La noblesse de cette famille vient de la reprise maternelle
faite en 1648 par Claude de Bar du côté de Louise *Rossières* (sic)
sa mère, de condition noble qui fut mariée à Robert de Bar,
ladite reprise confirmée en 1702 en faveur de François de Bar,
fils dudit Claude, lequel est décédé depuis peu revêtu de la

qualité d'ancien conseiller d'Etat et de l'office de maître des Comptes dudit Bar, laissant postérité, savoir :

Nicolas de Bar, non marié.

Pierre François de Bar, conseiller du roi maître et auditeur en la chambre des Comptes de Bar, qui a postérité des deux sexes de son mariage avec Henriette Spon, et notamment un fils nommé Nicolas, clerc du diocèse de Toul, et un autre nommé Théodore, avocat, exerçant au bailliage dudit Bar.

Lesdits Nicolas et Pierre-François, frères germains, nés d'un premier mariage du susdit François de Bar avec Gabrielle Desvoulton.

Simon de Bar, chanoine en l'église Saint-Pierre à Bar, leur frère consanguin, né d'un second mariage avec Claudette Gallet.

Les familles de Colliquet de Rosnes et Lombart de Combles en reviennent par N.......... de Bar, femme de François Hillaire, conseiller au bailliage de Sarreguemines.

DE CHEPPE

Porte : d'argent au chevron d'azur chargé de cinq larmes d'or, accompagné de trois coupes de gueules, 2 en chef et 1 en pointe.

Cette famille tient sa noblesse des Lettres d'anoblissement obtenues en l'année 1721, par Pierre Decheppe, demeurant à Bar, alors maire de ladite ville, avec permission de prendre pour armoiries celles de la famille de Platel, à cause d'Elisabeth Regnart son aïeule qui en venait par Isabelle Platel, aïeule de ladite Elisabeth qui avait épousé Gérard Regnart.

Il épousa à Ligny Antoinette Vaultier dont il reste postérité savoir :

Jean-François de Cheppe, seigneur de Grosterme, avocat général à Bar, qui a aussi laissé postérité des deux sexes de son mariage avec Jeanne Magot.

Les enfants de feu Charles Colin, seigneur de Contrisson et Villers, en viennent aussi par feue Anne Decheppe, leur mère, sœur dudit Jean-François.

Il y a encore la famille de Vasse qui descend de celle de De-cheppe par mariage de Marie Decheppe, sœur de l'anobli, avec Nicolas Vasse avocat ez siège de Bar.

Et celle de Mayeur, marchand, par Anne Decheppe, femme de François Mayeur.

L'anobli Pierre Decheppe était fils de Claude Decheppe et de Anne Parmentier, et petit-fils de Pierre Decheppe et d'Elisabeth Regnart.

DE ROUYN autrefois DROUYN

Porte : tiercé en fasce, le chef de gueules chargé d'une jambe humaine d'argent, la fasce d'or chargée de trois chevrons d'azur, et la pointe d'argent à la bande de gueules chargée de trois besants d'or.

Cette famille est originaire de la province de Bourgogne, établie en la ville de Bar sur la fin du XV° siècle, temps auquel Claude Drouin, natif de Jonvelle, vint y contracter alliance et y transférer son domicile par son mariage avec Mariette Xaubourel, de condition noble, et où il est décédé prévôt de ladite ville. Sa noblesse fut reconnue sur l'exposé des Lettres patentes obtenues en l'année 1540 par Jacques Drouyn, son fils unique, conseiller auditeur en la Chambre des Comptes dudit Bar qui eut de son mariage avec Louise Boudet, fille de René Boudet, président de ladite Chambre plusieurs enfants, et, étant resté veuf, il embrassa l'état ecclésiastique dans lequel il est mort pourvu d'un canonicat, en l'église Saint-Pierre, laissant, entre autres enfants, un fils nommé François qui lui succéda audit office d'auditeur en ladite Chambre des Comptes de Bar et fut marié à Louise Noirefontaine, d'ancienne extraction noble, dont la postérité existe encore aujourd'hui.

Ses descendants de nom et d'armes sont :

Antoine Nicolas, baron de Rouyn, son arrière-petit-fils, seigneur de Vassincourt, Somain (?) etc., conseiller d'État et président actuel de la Chambre des Comptes de Bar, auquel il reste trois filles de son mariage avec défunte Thérèse de Lamorre, d'extraction noble, dont l'aînée nommée Thérèse est veuve de

René Peschart, seigneur d'Ambly et de Tornizet dont elle a postérité; la cadette nommée Marguerite, femme de Théodore, baron de Bouvet, seigneur de Robert-Espagne, Érize-la-Grande. Merval, etc., sans postérité; et la troisième, nommée Barbe, mariée à François, baron de Levoncourt, etc., lieutenant général au bailliage de Bar, aussi sans postérité.

Madeleine Derouyn, sœur consanguine dudit Antoine Nicolas, veuve de Charles Colliquet, dont elle a postérité.

Antoine Derouyn, leur neveu, sieur de Rogeville, seigneur de Lisle-en-Rigault et Vassincourt en partie, chevalier de l'ordre royal et militaire de Saint-Louis, ancien capitaine d'infanterie au régiment de Marsan, sans postérité de son mariage avec défunte Marie Hannel de Levoncourt, sa cousine; ledit Antoine fils de feu Jean-Baptiste Derouyn, sieur dudit Rogeville, chevalier dudit ordre, lieutenant-colonel dudit régiment, mort lieutenant du roi à Ambrun et de Béatrix de Rizaucourt.

Les descendants de cette famille par les femmes sont :

Celle de Lebègue, de Lisle, par Anne Charlotte Derouyn, femme de Jean Depinguet, commissaire des guerres et interposition du mariage d'Antoinette-Angélique Depinguet avec François-Étienne Lebègue sieur de Nonsart et de Lisle, etc.

Celle de Contrisson-la-Chapelle, par Claire Derouyn, femme de Bernard Colin de la Chapelle.

Celles de Bouvet-Desrozeaux et Vassart-Desrozeaux par Christine De Rouyn, femme d'Antoine Gaynot, et par interposition de Louise Gaynot, femme de Gabriel Desrozeaux, brigadier des armées du roi.

Et encore la famille de Bouvet par le mariage de Renée Derouyn avec Claude de Longeville, seigneur de Lisle-en-Rigault et interposition de celui de Jeanne de Longeville avec Jacques Bouvet.

DESROZEAUX

Porte : d'azur à la fasce d'or chargée d'une rose de gueules, accompagnée d'un croissant d'argent en pointe.

La source de la noblesse de cette famille est inconnue à l'auteur de ce recueil, il est seulement instruit qu'elle ne s'est établie dans le bailliage de Bar que vers le milieu du xviiᵉ siècle, temps auquel Jean Desrozeaux, capitaine de dragons dans le régiment du roi, originaire de la province de Picardie, vint transférer son domicile à Tannois, village dépendant de la prévôté dudit Bar, lequel eut de son mariage avec Marie de Ceincignon, d'extraction noble, un fils nommé Gabriel, mort chevalier de Saint-Louis, brigadier des armées du Roy, lequel n'a laissé que deux filles de son mariage avec Louise Gaynot, d'extraction noble, savoir :

Jeanne Desrozeaux, mariée à Jean-François baron de Bouvet, présentement seigneur de Scrupt, gentilhomme du roi de Pologne et ci-devant conseiller en la Chambre des Comptes de Bar, dont elle a postérité.

Et Thérèse Desrozeaux qui a épousé Nicolas Vassart, seigneur de Tannois, chevalier de Saint-Louis, ancien capitaine d'infanterie au régiment de Pons, dont elle a pareillement postérité.

DERVAL — Famille éteinte.

Portait : d'or à un écu parti de gueules et de sable.

Cette famille tenait sa noblesse des Lettres obtenues en l'année 1465 par Yvon Derval dont il ne reste plus de postérité mâle en la ville de Bar ni dans l'étendue de son district dès le xviiᵉ siècle; encore ceux qui existaient alors n'en portaient le nom qu'en vertu de la reprise maternelle faite en l'année 1571, par Jean Bouchier, du côté de Nicole Derval, sa mère, qui avait épousé Pierre Bouchier, avocat ez siège dudit Bar, natif d'Aulnois.

L'auteur de ce recueil ignore qu'il y ait des familles actuellement existantes audit Barrois et ailleurs qui viennent de celle de Derval ou de Bouchier par les femmes, si ce n'est celle de Jolly Des Aulnoy par Claudon Derval, femme de Jérôme Jolly, sœur de la susdite Nicole.

DESVOULTON

Porte : d'argent au pin de sinople, tranché au naturel, accompagné de trois hures de sanglier de sable, 2 en fasce et 1 en pointe.

L'origine de la noblesse de cette famille n'est pas connue de l'auteur de ce recueil, il sait seulement qu'en l'année 1613, Antoine Desvoulton, docteur en médecine, demeurant à Bar obtint des Lettres de réhabilitation, ce qui présuppose une noblesse antérieure, et que depuis ce temps ses descendants ont joui des privilèges y attachés tant en ladite ville qu'en son district. L'un de ses fils nommé Henry est décédé conseiller en la Chambre des Comptes dudit Bar, laissant postérité de son mariage avec Gabrielle de Neyon, de condition noble, lequel en l'année 1646 obtint, au bailliage dudit Bar, sentence de maintenue de sa noblesse, contradictoirement avec les habitants de Marson où il demeurait alors.

Les descendants de cette famille de nom et d'armes actuellement existantes sont :

Gaspard Desvoulton, conseiller pour la noblesse en l'hôtel de Ville dudit Bar, sans postérité de son mariage avec Marguerite Dubois et sans espérance d'en avoir ;

Louise Desvoulton, sa sœur, femme en secondes noces de Louis Jules Dethibalier qui a postérité d'un premier mariage avec Gérard Guillemin, sieur de Rocourt ;

Anne Desvoulton, veuve de Ferdinand Gaston Le Mosleur, conseiller audit bailliage de Bar, qui a postérité.

La famille de De Bar en descend par Gabrielle Desvoulton, femme de François de Bar, maître des Comptes.

DIDELOT — Famille éteinte.

Portait : de sable au sautoir gironné d'or et de gueules, cantonné d'une étoile d'or en chef.

La noblesse de cette famille vient des Lettres d'anoblissement obtenues en l'année 1566 par Claude Didelot, cellerier des domaines de Bar qui eut de son mariage avec Louise Maillet, d'extraction noble, entre autres enfants, un fils pareillement nommé Claude, marié avec Marguerite Bouvet, aussi de condition noble, mort receveur desdits domaines, laissant postérité de l'un et de l'autre sexe établie en la ville de Bar, dont il ne reste aujourd'hui d'autres descendants de nom et d'armes que François Didelot, demeurant à Bar, lequel est sans postérité de son mariage avec Marie-Anne Vyart.

Les familles qui viennent de celle de Didelot par les femmes sont :

Celles de Bouvet, Colliquet du Bourg et Colin de Contrisson par le mariage de Françoise Didelot avec Nicolas Baudoux, conseiller auditeur en la Chambre des comptes de Bar, en premières noces, et en secondes noces avec Bernard Le Cornu de la Chapelle et par interposition de celui de Gabrielle Baudoux avec François de Briel de Chantemel en premières noces et en secondes noces avec Alexandre Derouyn, procureur général, etc... et celui de Madeleine Lecornu de la Chapelle avec Jean Colin de Vassincourt.

DORDELU — Famille éteinte.

Portait : d'azur à la bande d'argent chargée de trois croix de gueules, lesquelles ont été changées savoir :

D'or au chevron de sable accompagné de trois trèfles de même 2 et 1.

Cette famille tient sa noblesse de la reprise faite en 1621 par Dominique Dordelu lieutenant de la prévôté dudit Bar, Anne et Marie ses sœurs du côté de Barbe Collesson, leur mère, de condition noble, femme de Dominique Dordelu, leur père, demeurant audit Bar.

Les familles existantes actuellement (1771) qui en sont sorties par les femmes sont :

Celles de Longeville et Rodouan de Morlaincourt par Claudette Dordelu, femme de François de Mussey.

Celle de Thouvenin de Saint-Julien par Anne Dordelu, femme

de Jean Desandrouin, et interposition de Barbe Desandrouyn avec N... Thouvenin.

Et celle de Boucher par Marie Dordelu, femme de Pierre Boucher.

Il y a encore à Ligny des descendants de nom et d'armes, sans postérité.

DROUIN — Famille éteinte.

Portait : d'azur à une ancre d'argent surmontée de deux étoiles de même.

La noblesse de cette famille vient des Lettres d'anoblissement obtenues en l'année 1716 par François Drouin, demeurant à Bar, ancien conseiller au bailliage de Varennes et conseiller actuel de celui de Bar. Il est fils de Nicolas Drouin, avocat et syndic de la ville de Bar et de Jeanne Longeaux, lequel a postérité de l'un et de l'autre sexe de son mariage avec Gabrielle de Vendières, de condition noble.

Ses descendants sont :

Étienne-Nicolas Drouin, conseiller audit bailliage de Bar, qui a postérité tant de son premier mariage avec Marguerite Macuson que de son second avec Jeanne-Germaine Brion.

Barbe Drouin, mariée à Guillaume Bugnot de Faresmont, capitaine d'infanterie au régiment de Guyenne, avec postérité.

N... Drouin, lieutenant d'infanterie dans le régiment de Saxe, non encore marié, non plus que trois de ses sœurs.

DUMESNIL

Porte : d'azur à deux chevrons d'or accompagnés de trois merlettes d'argent, 2 en chef et 1 en pointe.

La noblesse de cette famille vient des Lettres d'anoblissement obtenues en l'année 1717 par Germain Stable Dumesnil, originaire de la province de Normandie, lequel vint transférer son domicile en la ville de Bar sur la fin du xviiᵉ siècle, par son mariage avec Marguerite Derosne, et où il est mort capitaine de la force de la ville-haute, et en cette qualité commandant de

la bourgeoisie dudit Bar, ayant servi avant son mariage dans les gardes du corps du roi, ainsi qu'il est exposé dans ses lettres de noblesse, et en qualité de capitaine de dragons, et que son père Robert Stable Dumesnil, avait aussi servi en qualité de brigadier des gardes du roi.

Ses descendants sont :

Joseph Dumesnil, avocat ez-siège de Bar, non marié ;

Nicolas-François Dumesnil, chevalier de Saint-Louis, pensionnaire du roi et ancien capitaine d'infanterie au régiment de Rouergue, qui avait épousé feue Sophie de Bada, dont il eut un fils nommé Philippe-Germain, marié depuis peu à Claude-Françoise Lepaige ;

Catherine Dumesnil, veuve de X..... Gillot, sieur Defurtche, lieutenant dans le régiment d'Appellegrin, mort sans postérité.

DUPUIS

Porte : d'azur au chef de gueules chargé de trois émanches d'or.

L'origine de la noblesse de cette famille n'est pas connue de l'auteur de ce recueil, il sait seulement que dès l'année 1486, Didier Dupuis fut installé en l'office de conseiller auditeur en la Chambre des Comptes de Bar et qu'il avait épousé en ladite ville Philippe de La Mothe, d'extraction noble, et que lui-même, dès ce temps là, fut tenu et réputé pour tel et en prenait les qualités et celle d'écuyer en tous actes publics ainsi que tous ses descendants l'ont toujours fait sans trouble ni empêchement, et dont quatre sont morts conseillers en ladite Chambre et d'autres ont transféré leur domicile en la ville de Saint-Mihiel, où il en reste encore présentement (1771) de nom et d'armes, s'ils ne sont morts depuis peu.

La famille de Lemosleur vient de celle de Dupuis par le mariage d'Eve Dupuis avec Jean Bouvet, gruyer de Bar, par interposition de celui de Françoise Bouvet, sa fille avec François Baudoux, auditeur des Comptes dudit Bar, dont la fille nommée Sébastienne Baudoux, avait épousé François Lemosleur, aussi auditeur desdits Comptes.

DUTERTRE

Porte : tiercé en fasce, savoir : le chef d'or, la fasce échiquetée d'or et de sable et la pointe d'argent à un senestrochère habillé de gueules, tenant une palme au naturel.

Cette famille tient sa noblesse des Lettres d'anoblissement accordées en l'année 1711 à Nicolas Dutertre, demeurant alors en la ville de Bar, où il était venu s'établir vers la fin du siècle dernier (xviie) par son mariage avec Anne de Rizaucourt, de condition noble, et en laquelle il est mort revêtu d'un office de secrétaire du cabinet du duc Léopold.

Ses descendants sont :

Charles Dutertre, baron de Tronville, ancien maître des Comptes et lieutenant particulier au bailliage de Bar, présentement conseiller au parlement de Metz qui a postérité de son mariage avec Thérèse Vyart, savoir : un fils et deux filles non encore mariés.

Anne Dutertre, sa sœur, mariée à Antoine de Lorins, baron d'Estrepy, dont elle a pareillement postérité.

ERNECOURT (D') — Famille éteinte.

Portait : d'azur à 3 pals abaissés d'argent surmontés de 3 étoiles d'or.

La source de la noblesse de cette famille est inconnue à l'auteur de ce recueil, il sait seulement que les qualités de noble et d'escuyer ont été attribuées en plusieurs actes authentiques qui ont été passés sous ses yeux, à Simon d'Ernecourt, qui vivait dans le milieu du xvie siècle et possédait fiefs et seigneuries dans l'étendue du bailliage de Bar, lequel de son mariage avec Barbe de Beurges, de condition noble, a laissé postérité, présentement éteinte par défaut de mâles, qui avaient contracté des alliances illustres et distinguées par les mariages de Gilles d'Ernecourt, son petit-fils dans la maison de Nettancourt; et de Barbe d'Ernecourt, sa petite-fille, cousine germaine dudit Gilles, dans celle d'Haraucourt de Saint Balmont, morts sans postérité.

Cette famille était originaire de la ville de Bar où Christophe d'Ernecourt, faisait sa résidence dès le xv° siècle, et était le père ou l'aïeul du susdit Simon.

On ignore s'il y a quelques familles actuellement existantes en ladite ville de Bar ou dans son district qui en viennent par les femmes.

ERRARD ou DESERRARD — Famille éteinte.

Portait : d'azur à trois serres de lion d'or tenant chacune un
bâton noueux de sinople; 2 en chef et 1 en pointe.

Cette famille, établie à Bar dès les premières années du xvi° siècle, était originaire du Clermontois et reconnue en tous actes d'extraction noble, tant en la personne de Jean Errard, prévôt de Clermont dès l'année 1468, qu'en celle de son fils George Errard, qui vint établir sa résidence en ladite ville de Bar aux environs de l'an 1510, où il épousa Jaqueline de Génicourt, d'extraction noble, et où il est décédé revêtu des offices de conseiller auditeur en la Chambre des Comptes et de lieutenant général au bailliage dudit Bar, laissant, entre autres enfants, un fils pareillement nommé George, seigneur de Fleury-en-Argonne qui prit le surnom de Deserrard et fut marié à Adrienne de Rosières, aussi de condition noble, lesquels engendrèrent George 3°, et Louis Deserrard qui furent les derniers descendants mâles de cette famille, ledit George n'ayant laissé que des filles tant de son 1er mariage avec Claude d'Avrillot que de son 2e avec Hélène de Rogéville; et ledit Louis étant mort à Rembercourt-sur-Orne sans postérité.

La famille de Derouyn et celles qui en descendent par les femmes viennent de celle de Deserrard par le mariage de Louise Deserrard, l'une des dites filles du 2e lit, avec Alexandre Derouyn, procureur général dudit Bar;

Jean-François comte de Stainville, bailli de Bar, en vient aussi par Adrienne Deserrard du 1er lit, qui fut mariée à Philippe d'Anglure, seigneur de Guyonvelle, etc..., et par interposition de Louise d'Anglure, femme de George, comte de Stainville.

Ladite Adrienne épousa en deuxièmes noces Henri de Saint-Paul, sieur de Nestier, gentilhomme français, dont elle eut une fille nommée Suzanne qui fut mésalliée.

ERRARD — Autre famille éteinte.

Portait : d'azur à une pyramide d'or, maçonnée de sable, accompagnée de trois étoiles d'or en chef.

Cette noblesse fut éteinte presque en sa naissance par la mort de Jean Errard, ingénieur dans les troupes du roi Henri IV, très habile géomètre, lequel fut anobli par ce prince, en considération de sa profonde érudition dans les mathématiques et pour récompense de ses services en sa dite qualité d'ingénieur ordinaire de Sa Majesté; mais il est mort sans avoir laissé aucun de ses descendants de l'un ni de l'autre sexe de son mariage avec Barbe Dereims, de condition noble; il était fils de Maxe Errard, notaire au tabellionage de Bar et de Claudon Collet, et avait un frère nommé Hector qui ne laissa que des filles de son mariage avec Claudon Mouzin, et une fille de son mariage, c'est-à-dire une sœur nommée Marthe Errard qui épousa en premières noces Jean Lepaige, capitaine de la bourgeoisie de la ville de Bar, dont il reste postérité, et en deuxièmes noces Michel Bouvet, conseiller en la Chambre des Comptes et prévôt de Bar dont elle n'eut qu'une fille nommée Christine, mariée à François Derouyn, seigneur de Vassincourt, qui succéda dans lesdits offices de son beau-père par sa démission en sa faveur.

Ainsi les familles de Lepaige, tant de Bar que de Bazincourt, et celle de Derouyn, et les descendants desdites familles par les femmes, sont alliés par ladite Marthe Errard.

FERRY — Famille éteinte.

Portait : ......

Cette famille tenait sa noblesse des Lettres d'anoblissement obtenues en l'année 1527 par Vaultrin Ferry, gruyer de Bar et secrétaire ordinaire du duc Antoine, lequel est décédé conseiller en la Chambre des Comptes dudit Bar, ne laissant que des filles

de son mariage avec Barbe Xaubourel, de condition noble, savoir, Isabelle, Marie et Barbe.

L'auteur de ce recueil ignore les alliances des deux premières ; et, quant à la troisième, il sait qu'elle fut mariée avec François Guyot, frère du président Alexandre Guyot, morte sans postérité.

Ainsi la noblesse de cette famille fut éteinte peu de temps après la mort de l'anobli. Au surplus il n'est pas de sa connaissance qu'il y ait quelques familles en la ville de Bar sorties des susdites Marie et Isabelle.

FISSON — Famille éteinte.

Portait : d'argent à une vis de gueules posée en bande.

La noblesse de cette famille vient des Lettres d'anoblissement obtenues en l'année 1466 par Collignon Fisson, châtelain et receveur des Kœurs, dont il ne reste plus de descendants mâles, du moins dans l'étendue du bailliage de Bar.

La famille de Dumonté, a repris cette noblesse du côté maternel de même que Blaise Simonin, qui fit pareille reprise aux environs de l'année 1605 du côté de Mesline Fisson, sa mère, et quitta le surnom de Symonin pour prendre celui de Fisson.

L'auteur de ce recueil ne connaît d'autres descendants de cette famille que X... Fisson, ci-devant veuve de Daniel Colliquet et présentement femme de N... Daufremont, receveur des deniers de la ville de Bar, sans postérité de l'un ni de l'autre mariage.

FLEURY

Porte : d'azur à une étoile d'or mise en cœur, accompagnée de trois croix de même, au pied fiché, 2 en chef et une en pointe.

La noblesse de cette famille vient des Lettres d'anoblissement obtenues en 1523 par Simonet Fleury, receveur des domaines du comté de Ligny qui engendra deux fils, lesquels formèrent deux branches dont l'une, sortie de Jacque Fleury, greffier au-

dit Ligny, n'existe plus de nom et d'armes que par la reprise
maternelle faite en l'année 1627, du côté de Jeanne Fleury, sa
petite fille, femme de Jean Massu, par Charles Massu, son fils,
prévôt de Blamont; et l'autre. sortie de Pierre Fleury, gruyer
dudit Ligny, existe encore, tant en la dite ville de Ligny, qu'en
celle de Bar, en laquelle Antoine Fleury, son petit fils, vint
transférer son domicile, et où il a laissé postérité de l'un et
de l'autre sexe de son mariage avec Anne Leger, de condition
noble.

Les descendants de nom et d'armes dudit Antoine Fleury
actuellement existants sont :

N... Fleury, chanoine à Strasbourg,

François Fleury, bénédictin,

et Marie Fleury, demeurant à Bar, non mariée, tous trois
enfants de défunt Henri Fleury et de Marie Lafaye ;

Et X... Fleury, leur neveu, fils de Jean Antoine Fleury, avocat ez siège dudit Bar, et de Marie Génin, lequel n'est point
marié.

Les familles qui en viennent par les femmes sont :

Celle de Demarne, par le mariage de Françoise Fleury avec
François Colin Demarne, conseiller au bailliage dudit Bar.

Celle de Billault Laurent, par Anne Fleury, femme de Nicolas de Billault sieur de Barge.

Celles de Desvoulton et de Bar par Claudette Fleury, femme
d'Antoine Desvoulton.

Et celle de Boisguérin de Bernécourt par Anne Fleury,
femme d'Antoine de Boisguérin de Bernécourt.

FLORAINVILLE (DE) — Famille éteinte.

*Porte : d'argent à la bande d'azur de 4 pièces, l'écu bordé
et engrelé de gueules, à l'ombre d'un lion brochant sur le tout.*

L'origine de la noblesse de cette ancienne maison qui n'existe
plus, du moins dans le Barrois, n'est pas connue de l'auteur de
ce recueil; il juge seulement qu'elle a pris sa source dans des
siècles très reculés, puisque dès le milieu du xv° siècle, Louis

de Florainville, bailli de Bar, et René, son frère, bailli de Clermont prenaient en tous actes les qualités de messires et de chevaliers dès l'an 1466, lesquelles ont été pareillement toujours attribuées à leurs descendants, précédées de celles d'honorés seigneurs.

L'un d'eux, aussi nommé René, chevalier, seigneur de Fains, Cousances, Hargeville, Charpentry, etc., mort le 17 décembre 1611, ayant les qualités de conseiller d'Etat, chambellan du grand duc Charles III, capitaine de ses gardes du corps, son bailli et capitaine de Bar. Il était fils de Claude de Florainville, écuyer, seigneur de Cousances, Fains, etc., bailli de Bar, conseiller et chambellan du duc de Lorraine. Celui-ci était fils de Jean de Florainville, qui vivait en l'année 1545.

Charles de Florainville, fils de René, chevalier, seigneur de Fains, Cousances, etc., bailli de Bar, eut de Gabrielle de Bossu, sa femme :

Henry de Florainville, seigneur de Fains, mort le 8 juillet 1663 ;

François de Florainville, mort jeune ;

Catherine de Florainville, morte le...... sans avoir été mariée ;

Marguerite de Florainville, morte fille, le 13 juillet 1648.

Henry de Florainville, seigneur de Fains, etc., eut de Françoise de Lutzelbourg, sa femme :

Louis, seigneur de Ville devant Belrain, mort garçon le 22 mars 1652 à 22 ans ;

Gabrielle, dame de Remiremont, mariée à Paul de Ludre, seigneur de Ludre en 1647.

Et Charlotte-Madeleine, mariée à Louis de Beauvau, seigneur d'Essey, Tomblaine, Manonville, Domeuvre, chevalier, marquis de Fléville, conseiller d'Etat et capitaine des gardes du corps du duc de Lorraine Charles IV, et par son mariage avec Charlotte-Madeleine de Florainville le 23 septembre 1663, il devint seigneur de Fains, Hargeville, Belrain, Ville devant Belrain, etc., la famille de Florainville étant éteinte par défaut de mâles.

Louis de Beauvau était fils aîné de Henri II, marquis de

Beauvau et de Catherine de Haraucourt, auteur des mémoires de Charles IV, duc de Lorraine et gouverneur du duc Charles V, son neveu.

FOURAIRE (DE) — Famille éteinte.

Portait : d'azur au massacre de cerf, contourné de profil au col coupé d'or, surmonté d'une étoile d'argent.

Cette famille fut maintenue en sa noblesse par arrêt rendu au conseil privé du roi Louis XIV en 1672, et obtenu par Jean de Fouraire, seigneur de Villers-la-Chèvre, demeurant à Andelot, bailliage de Chaumont-en-Bassigny, dont le fils nommé Maximilien vint établir son domicile à Tannois, village dépendant de la prévôté de Bar, où il est mort après avoir servi dans les troupes de Louis XIV, en qualité de capitaine dans le régiment de ......, laissant postérité de son mariage avec Marie de Ceincignon, d'extraction noble, savoir :

Pierre-Gabriel de Fouraire, capitaine d'infanterie pour le service du roi dans le régiment de Royal-Lorraine, n'eut point d'enfants de son mariage avec Jeanne Mayeur, et sans espérance d'en avoir ;

N... de Fouraire, sa sœur, femme de Georges de Vendières, prévôt de Morley, dont elle a postérité,

Les enfants de défunte Claude de Fouraire, aussi leur sœur vivante femme de Nicolas Vasse, ancien capitaine d'infanterie au régiment de Vermandois.

Le susdit Jean de Fouraire, était petit-fils de Nicolas Fouraire, mayeur de Rombas, anobli par le grand duc Charles III, en 1581.

FRANQUEMONT (DE)

Porte : de gueules à deux bars adossés d'or.

Suivant l'exposé des Lettres patentes obtenues en l'année 1710 par Gabriel Georges de Franquemont, seigneur de Pierrefitte en partie, chambellan de S. A. R. le duc Léopold, et Claude de Franquemont, son frère, par lesquelles la qualité de comte leur est attribuée, il est annoncé qu'ils sont issus de Jean de Franquemont, bailli de Montbelliard en l'année 1481, dont un de ses descendants nommé George, qui vivait en 1561, prenait en des actes publics le surnom de Montbelliard, et se qualifiait seigneur de Franquemont, descendu des anciens comtes de Montbelliard. Ce qui est certain, c'est que l'alliance contractée en 1604 dans la maison du Chastelet, était assez recommandable pour parvenir à l'obtention desdites Lettres.

Les susdits Gabriel-George et Claude, comtes de Franquemont étaient fils de Joseph de Franquemont, seigneur de ladite terre de Pierrefitte en partie, demeurant en son château de Naives et de Jeanne Maillet.

Leurs descendants de nom et d'armes sont :

N....... comte de Franquemont, fils unique dudit Gabriel-Georges, et son héritier en ladite portion de seigneurie, non encore marié.

Il y a encore deux filles mariées en Lorraine, l'une à M. de Mitry et l'autre à M. d'Hoffelize, gentilhomme Lorrain.

GALLET — Famille éteinte.

Portait : de gueules à la galère d'argent mise à la voile, conduite par une étoile d'or posée au canton senestre du chef.

La noblesse de cette famille venait des Lettres d'anoblissement accordées en l'année 1609, à George Gallet, apothicaire, demeurant à Bar, dont un fils pareillement nommé George est mort conseiller auditeur en la Chambre des Comptes dudit Bar.

Cette famille éteinte vers le milieu ou la fin du même siècle par la mort d'Hubert Gallet, dernier mâle, qui ne laissa que des filles de son mariage avec Françoise de Fuzelier, de condition noble, dont l'une nommée Claudette, est décédée depuis peu veuve de François de Bar, conseiller auditeur des Comptes de Barrois, duquel mariage il reste un fils unique nommé Simon, actuellement chanoine en l'Eglise Saint-Pierre dudit Bar.

Les autres familles qui en viennent par les femmes sont :

Celles de Rodouan et de Marien, par le mariage de Françoise Gallet avec François Jacquemot, avocat et interposition des mariages de Jeanne et de Louise Jacquemot, avec Jérôme et Simon Rodouan, et celui de Thérèse Rodouan de Blécourt, fille dudit Simon avec Philippe de Marien, ancien conseiller en la Chambre des Comptes dudit Bar.

GAULME

Porte : d'azur à trois fallots d'or allumés de gueules,
2 en chef et 1 en pointe.

La noblesse de cette famille prend sa source des Lettres d'anoblissement obtenues en l'année 1569 par Mathieu Gaulme, clerc juré en la gruerie de Louppy-le-Chateau, lequel eut plusieurs enfants de son mariage avec Barbe Desbouchon et entre autres un fils nommé Jacque, successeur audit office, marié à Anne Collesson, de condition noble, dont les descendants mâles qui existent aujourd'hui viennent de François Gaulme, son petit fils et sont résidents en la prévôté de Ligny, dans le lieu de Naix, village en dépendant.

Les familles qui en sont sorties par les femmes sont :

Celle de Lepaige-Gaulme, par le mariage d'Antoinette Gaulme avec Emmanuel Lepaige dont les enfants ont repris la noblesse aux termes de la coutume de Bar.

Celle de Lepaige de Bazincourt par le mariage de Claude Gaulme, femme de Louis de Sallé, nièce de ladite Antoinette, avec Alexandre Lepaige, neveu dudit Emmanuel.

Celles de Peschart et de Beurges de Ville-sur-Saulx par Nicole Gaulme, femme de Louis de Sallé, et, par interposition, du mariage d'Antoinette de Sallé avec Alexandre Peschart, seigneur d'Ambly et de Tornizet.

Et une branche de celle de Gaynot par le mariage de Jeanne Gaulme avec Pierre Gaynot, maire, capitaine du château de Bar.

GAYNOT DE COMBLES — Famille éteinte.

*Portait : écartelé au premier d'or, au deuxième de gueules à une
étoile d'or, au troisième d'azur, et au quatrième d'argent,
à la croix de sinople brochant sur le tout, partagée d'un
filet d'or.*

Cette famille tient sa noblesse de la reprise maternelle faite
aux termes de la coutume de Bar, en l'année 1598, par Pierre,
Jean et Marguerite Gaynot, du côté d'Henriette de Combles
leur mère, d'extraction noble, femme de Nicolas Gaynot, demeurant à Bar. Ledit Pierre fut marié à Isabeau Grandidier,
est mort maire dudit Bar, laissant deux fils et une fille.

1° Henri qui épousa Christine Colliquet, de condition noble,
dont il reste postérité.

2° Pierre, capitaine du château de ladite ville de Bar, qui a
pareillement postérité de son mariage avec Jeanne Gaulme, de
famille noble.

3° Et Louise qui fut mariée à René Gaynot de la branche
ci-après.

Quant au susdit Jean il n'en reste point de descendants
mâles de son mariage avec François Cachedenier.

Et à l'égard de la susdite Marguerite, elle a laissé postérité
de son mariage avec Agnès Chabreaux.

Les descendants de cette famille de mâles en mâles qui existent aujourd'hui, sont : Henry Gaynot capitaine d'infanterie
pour le service du roi, réformé, dans le régiment de Louvigny,
sans postérité de son mariage avec Marie de Lescamoussier.

N... Gaynot, sa nièce dame de Véel dessus, mariée depuis peu
à N... Collenel, sieur de Clairville.

Les trois filles du défunt Pierre Gaynot, aussi capitaine d'infanterie réformé, frère dudit Henry, demeurant à Savonnières-
devant-Bar, dont l'aînée nommée Catherine, a épousé Nicolas
Boucher de Gironcourt, demeurant à Ligny, dont elle a postérité en bas-âge, et les deux autres ne sont pas mariées.

Charles Gaynot, demeurant à Dammarie, a postérité de son
mariage avec défunte Anne Barrois, etc.

Et Antoine Gaynot, demeurant à Bar, sans postérité de son mariage avec Françoise Vassart.

Les familles qui en viennent par les femmes sont :

Celle de Cachedenier de Vassimont qui a repris cette noblesse par la susdite Marguerite Gaynot, femme du susdit François Cachedenier.

Celles de Bouvet et Vassart-Desrozeaux, brigadier des armées du roy.

Et celles de Demarne, Rampont et Vyart, par le mariage de Marguerite Gaynot avec Jean de La Cour et par interposition de Nicolle de La Cour, femme de Claude Bertel en 1res noces et René Vyart en 2es noces et du mariage de Marguerite Bertel avec Charles Galloys de Rampont.

GAYNOT-HENRION, AUTRE BRANCHE — Famille éteinte.

Portait : d'or au chevron d'azur accompagné de trois tortues, 2 en chef et 1 en pointe.

Cette famille n'était qu'une branche de celle ci-devant décrite, mais dont la source de la noblesse n'était pas la même, elle venait des Lettres de reprise maternelle obtenues en l'année 1613 par René Gaynot, avocat à Bar, et ses frères du côté de Françoise Henrion, leur mère de condition noble qui avait épousé René Gaynot, lieutenant en la gruerie dudit Bar et neveu de Nicolas Gaynot dont il est fait mention dans l'article précédent; mais il ne reste plus de descendants mâles de cette branche, le dernier nommé Jacque étant mort depuis quelques années chanoine en l'église collégiale de Saint-Pierre dudit Bar.

On ignore pourquoi les descendants de ces deux branches avaient quitté leurs véritables armes pour prendre celles de Thiébault Legros, à l'exception de la famille de Cachedenier qui ne les a pas quittées. — Les familles qui viennent de cette branche par les femmes sont celles de Lescale de Villotte et de Rizaucourt-Lescale, par le mariage de défunte Jeanne Gaynot, sœur du susdit Jacque avec Antoine de Lescale, seigneur de Villotte.

GÉNICOURT (DE) — Famille éteinte.

Portait : de sable à une tierce feuille d'or mise en cœur.

La noblesse de cette famille était tenue et réputée ancienne dès le xv⁰ siècle, temps auquel vivait Maxe de Génicourt qui fut revêtu d'un office de conseiller auditeur en la Chambre des Comptes de Bar, en l'année 1495.

Il n'eut de son mariage avec Catherine de Barbonne, d'extraction noble, qu'un fils nommé René qui lui succéda audit office et dont la postérité est éteinte en la ville de Bar depuis plus d'un siècle.

Une fille nommé Christienne qui fut mariée à Alexandre Guyot, président de ladite Chambre, morte sans postérité.

Une autre nommée Jacqueline femme de George Errard, lieutenant général audit Bar ; et une troisième nommée Claudon qui épousa Guillaume de Hauteroche.

On ignore quelles sont les familles qui en viennent par les femmes.

GÉRARD, GRUYER — Famille éteinte.

Portait : d'azur à trois gerbes d'or liées de gueules, 2 en chef et 1 en pointe, accompagnées d'une rose d'argent mise en cœur.

La noblesse de cette famille vient des Lettres d'anoblissement obtenues en l'année 1641 par Jacob Gérard, né à Longeville, avocat et maire de la ville de Bar, qui épousa en ladite ville Christienne Jobart, de condition noble, et dont le fils et le petit-fils sont morts revêtus successivement de l'office de gruyers dudit Bar.

Ses descendants de nom et d'armes actuellement existants sont :

Claude Gérard, chevalier de Saint-Louis, ancien lieutenant-colonel d'infanterie pour le service du roi, présentement âgé de plus de 80 ans, sans avoir été marié ;

Louise Gérard, sa nièce, veuve de Joseph Royer, mort capi-

taine dans le régiment des gardes du duc Léopold, sans laisser de postérité ;

Pierre Gérard, chevalier de Saint-Louis, capitaine d'infanterie pour le service du roi au régiment de Médoc et ingénieur en chef à Verdun, qui a postérité encore en bas-âge de son mariage avec Marie-Françoise Pruet de Maipas, dame de Clerey, veuve de François-Charles, comte de Grossolles, seigneur de Saudrupt, etc.;

Agnès Gérard, non mariée, demeurant à Longeville;

Jeanne Gérard, mariée à Joseph d'Hédouville, seigneur de Minecourt, capitaine au régiment de Polignac, dont elle a postérité;

Antoine Gérard, capitaine d'infanterie au régiment de Quercy. non encore marié.

Et François Gérard, capitaine de cuirassiers dans les troupes de la reine de Hongrie, pareillement non marié.

Tous les susdits et susdites, frères et sœurs, enfants issus du mariage de Pierre Gérard, gruyer dudit Bar, petit fils de l'anobli, avec Jeanne Vassart, de condition noble.

GÉRARD-MAUCERVEL — Famille éteinte.

Portait : de gueules semé de croix d'or trois à tours d'argent maçonnées de sable, 2 et 1, à la bande d'argent chargée de 4 mouchetures d'hermines couchées, brochantes sur le tout.

Cette famille est la même par son origine que celle décrite à l'article précédent, à cette différence près, que celle-ci tient sa noblesse des Lettres de reprise maternelle obtenues en l'année 1720 par défunt Antoine Gérard, avocat ez sièges de Bar, du côté de Barbe Parisot, sa mère qui avait obtenu pareilles Lettres de reprise conjointement avec ses frères, par Élisabeth Maucervel, leur mère, d'extraction noble, laquelle avait épousé Charles Gérard, né à Longeville et dont l'aïeul nommé Florentin, lieutenant en la mairie dudit Longeville était oncle de Jacob Gérard, dont il est fait mention en l'article précédent.

Les descendants dudit Antoine Gérard, sont :

César Gérard de Maucervel, seigneur en partie de Vavincourt et Sarnay, sans postérité jusqu'à présent de son mariage avec Louise Vyart.

Jeanne Gérard de Maucervel, mariée à Nicolas Guyot-Demarne, seigneur en partie desdits lieux, pareillement sans postérité;

Lesdits César et Jeanne, frère et sœur, enfants nés du mariage dudit Antoine avec Catherine Rouillon, à présent sa veuve.

La famille de De Beurges de Renesson vient de celle ci-dessus par Louise Gérard, sœur du susdit Antoine, femme de Claude-Blaise de Beurges, seigneur de Renesson et Tremont.

Et celles de Longeville et Rodouan de Morlaincourt par le mariage de Barbe Gérard, sa tante, avec Thierry Dordelu, et, par interposition, de celui de Claudette Dordelu, sa fille, avec François de Mussey.

GERVAISE — Famille éteinte.

Portait : de gueules à la fasce dentelée d'or accompagnée de trois étoiles de même, 2 en chef et 1 en pointe, et un retrait d'azur sur le tout.

La noblesse de cette famille venait des Lettres d'anoblissement obtenues en l'année 1489 par Vaultrin Gervaise, natif de Varennes, conjointement avec Jean Boudet, son cousin germain, et par une même patente. Un de ses descendants, nommé Gérard Gervaise, est mort revêtu des offices de conseiller auditeur en la Chambre des Comptes de Bar et procureur général du bailliage de Clermont, auxquels offices succéda Nicolas Gervaise, son fils, en l'année 1638 ; mais cette famille n'existe plus dans Bar ni dans son district depuis très longtemps ; et il y a lieu de croire que s'il en reste encore du même nom et d'armes dans le Barrois, c'est apparemment dans le bailliage de Saint-Mihiel, lesquels peuvent descendre de M. Gervaise, président des Grands Jours dudit Saint-Mihiel.

GILLES — Famille éteinte.

Portait : écartelé de 1 au 4 d'azur à une bourse fermée d'argent,
et de 2 au 3 de gueules à trois fasces d'or.

La noblesse de cette famille était réputée ancienne dès auparavant l'année 1550, temps auquel vivait Jean Gilles, demeurant à Bar, qui a toujours pris les qualités attribuées à la noblesse, tant en justice que hors d'icelle, ainsi qu'il se voit en plusieurs actes publics. De son mariage avec Barbe de Lignières, d'extraction noble, il ne resta que des filles dont l'une, nommée Antoinette Gilles, était mariée à Jean de l'Église, conseiller en la Chambre des Comptes et lieutenant général au bailliage dudit Bar, et une autre, nommée Jeanne, qui épousa François de Mussey, pour lors maire de ladite ville ; mais de tous ces mariages il ne reste aujourd'hui de postérité que par les femmes. Les familles qui en viennent sont celles d'Alençon, Antoine de Bussy, Cachedenier, de Neyon, Desvoulton et de Bar, comme étant sorties de la susdite Antoinette Gilles, femme de Jehan de l'Église (voyez l'article de l'Église), et celles d'Alliot, Heyblot, Longeville, Rodouan de Morlaincourt, Lescalle de Villotte, Vyart de Tronville, et Rizaucourt, par la susdite Jeanne, femme de François de Mussey.

GLEYZENOVE — Famille éteinte.

Portait : d'azur à trois croix ancrées d'or,
2 en chef et 1 en pointe.

La noblesse de cette famille prenait sa source des Lettres d'anoblissement obtenues en l'année 1553 par Guillaume de Gleyzenove, alors conseiller secrétaire ordinaire du grand duc Charles III et, depuis, conseiller auditeur en la Chambre des Comptes de Bar, qui épousa Agnès d'Avrillot, d'extraction noble, dont il eut un fils nommé Nicolas de Gleyzenove, mort président de ladite Chambre, lequel de son mariage avec Marguerite de Chauvirey, d'ancienne extraction noble, qu'il avait épousée en secondes noces, ne laissa qu'une fille nommée Christienne

qui fut mariée avec Louis-Jules Du Châtelet, baron de Cirey,
seigneur de Pierrefitte, etc., ayeul de défunte dame, comtesse
de Lomont, Marie-Gabrielle-Charlotte Du Châtelet, femme de
Florent Du Châtelet, comte de Lomont, lieutenant général des
armées du roi et gouverneur de Dunkerque; et, en premières
noces, ledit Nicolas de Gleyzenove avait épousé Marie Hanne-
quin, aussi de noble extraction, dont il n'eut qu'un fils nommé
Charles, qui fut le dernier mâle de cette famille, étant mort
sans postérité.

GROSSOLLES (DE)

*Porte : de gueules au lion d'or couronné d'azur
issant d'un fleuve, au chef d'azur chargé de trois étoiles d'or.*

Il est justifié par Lettres authentiques que, dès l'année 1362,
Bernard de Grossolles, chancelier des comtes d'Armagnac, sou-
verains ducs d'Aquitaine, était qualifié en plusieurs actes, vicomte de Montgaillard, seigneur de Saint-Martin, Caumont,
Mauroux, Saint-Créac, Artigues, Fraides et autres lieux et que
de cette tige sont sortis des chevaliers de l'ordre de Malte, et
que d'autres de ses descendants ont contracté des alliances
illustres avec les maisons de La Tour d'Auvergne, d'Albert, de
Montpezat, de Lautrec, etc.

En l'année 1707, Charles-Anne de Grossoles, l'un des descendants dudit Bernard, vint établir sa résidence dans le bailliage
de Bar, où il épousa à Saudrupt, village dépendant de la ba-
ronnerie d'Ancerville, Françoise de Billault de Préville, dame
dudit lieu, et où il est mort chambellan du duc Léopold.

De ce mariage il reste une fille nommée Marie-Anne de Grossolles qui a épousé Antoine de Malafosse, baron De Cauffour,
capitaine de cavalerie dans le régiment de Condé, dont elle a
postérité en Auvergne.

Et Marie-Françoise de Grossolles, sa nièce, présentement
damé dudit lieu de Saudrupt, fille de feu François-Charles,
comte de Grossolles, seigneur dudit lieu et de Marie-Françoise de Pruet de Maipas, laquelle n'est pas encore hors de
tutelle.

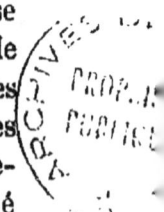

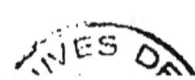

GUILLEMIN de ROCOURT

Porte : d'azur au lion rampant d'or, au chef de même,
chargé de trois molettes de sable.

Cette famille, originaire de la province de Champagne, est
établie en la ville de Bar sur la fin du siècle dernier (XVIIe), temps
auquel Bernard Guillemin, sieur de Rocourt, vint y transférer
son domicile, et en laquelle il épousa Louise Desvoulton, d'extraction noble, dont il reste postérité.

L'origine de la noblesse de cette famille n'est pas connue de
l'auteur de ce recueil; il sait seulement, ainsi qu'il est notoire
en ladite ville, que ledit Bernard y a joui, jusqu'à sa mort, sans
troubles ni empêchements, de tous les privilèges réservés à la
noblesse, et que la qualité d'écuyer lui a toujours été donnée
tant en justice qu'en tous autres actes publics.

Ses descendants sont :

Marie Guillemin de Rocourt qui a épousé Louis Dethibalier,
ancien lieutenant dans les troupes du duc Léopold, dont elle a
postérité ;

N... Guillemin de Rocourt, sieur de Mondrecourt, lieutenant
d'artillerie dans les troupes du roi, non encore marié ;

Et Alexandre Guillemin, dit le chevalier de Rocourt, capitaine d'infanterie dans le régiment de..... lequel pareillement
n'est encore marié.

Ces trois susnommés frères et sœur, enfants du susdit Bernard et de la susdite Louise Desvoulton.

GUYOT — Famille éteinte.

Portait : d'azur au chevron d'or, accompagné de deux roses
d'argent en chef, et d'une molette d'or en pointe.

La noblesse de cette famille prenait sa source des Lettres
d'anoblissement obtenues, en l'année 1481, par George Guyot,
huissier d'armes de René de Lorraine, roi de Sicile, dont le
fils nommé Pierre Guyot est mort revêtu de l'office de prévôt
de Bar, laissant plusieurs enfants des deux sexes de son ma-

riage avec Mesline Devillers, d'extraction noble, mais dont il
ne reste plus de descendants mâles dès l'année 1532, François
Guyot, l'un de ses fils n'ayant laissé que des filles de son mariage avec Nicolle Rousselot; un autre nommé Louis étant mort
doyen de Saint-Pierre dudit Bar, et un troisième nommé
Alexandre Guyot, président en la Chambre des Comptes dudit
Bar, étant décédé sans postérité de son mariage avec Christine
de Génicourt; de même que deux autres nommés Geoffroy et
Jean, lesquels sont morts sans avoir été mariés.

Les familles qui en viennent par les femmes sont :

Celles de Longeaux-Lepaige, Joly-des-Aulnoy et Desclimie,
par le mariage de Catherine Guyot, fille du susdit Pierre avec
Jean Lescamoussier et par interposition de Louise de Lescamoussier, femme de Jean Lepaige, d'Hélène Lescamoussier,
femme de Louis Joly, docteur en médecine, et de Marguerite
Lescamoussier, femme de Jean Desclimie;

Celle de Lamorre et celles qui en descendent par les femmes
viennent aussi de celle de Guyot par ladite Catherine Guyot,
femme en deuxièmes noces de Jacque de Chezeaux, prévôt de
Bar, et interposition du mariage de Magot de Chezeaux, sa fille,
avec François de Poinctes, sieur d'Anrosey et de celui d'Anne
de Poinctes, avec Charles de Lamorre, receveur général des
domaines du Barrois;

Celles de Vyart et Colliquet et leurs descendants par les
femmes, en viennent pareillement par Barbe Guyot, femme de
Claude Vyard, procureur général de Lorraine, et par Mesline
Guyot, femme de Mangin Colliquet;

Celles de Demarne et de Lescale Gaynot par le mariage de
Perrette Guyot avec Christophe Liétard, receveur général desdits domaines et par interposition de Catherine Liétard, leur
fille, femme de George Minel, de Jeanne Minel, femme de Nicolas Beaudoux; de Nicole Beaudoux, femme de Michel Henrion, et de Françoise et Christine Henrion, femme de René
Gaynot et de Daniel Colin-Demarne.

Et enfin celle de Ceincignon par le mariage de Jeanne Guyot,
fille du susdit Pierre, avec Antoine de Ceincignon, prévôt dudit
Bar, etc. (Voyez l'article de Ceincignon).

GUYOT-DEMARNE

Porte : d'argent au rencontre de taureau de gueules anneté de sable, accompagné de deux étoiles de gueules en chef.

Cette famille tient sa noblesse des Lettres de reprise maternelle obtenues en l'année 1714 par Nicolas Guyot, procureur fiscal de la baronie d'Ancerville du côté d'Elisabeth Thieryon, sa mère, fille de Claude Thieryon, sieur Demarne, propriétaire de la forge de Dammarie, de condition noble, laquelle avait épousé Samson Guyot, aussi procureur fiscal de ladite baronie, père dudit Nicolas qui, de son mariage avec Marie Rouillon, a laissé postérité, savoir :

Nicolas Guyot-Demarne, seigneur en partie de Vavincourt et Sarney, sans postérité de son mariage avec Jeanne Gérard, sa cousine germaine.

N... Guyot-Demarne, chevalier de l'ordre de Malthe, aumônier et précepteur des pages du roi de Pologne.

La famille de Badaut-Deschenetz en vient par défunte Charlotte Guyot-Demarne, leur sœur, femme de N... Badaut-Deschenetz.

HANNEL

Porte : de gueules au lion rampant d'argent.

La noblesse de cette famille vient des Lettres d'anoblissement obtenues en l'année 1704 par Pierre Hannel, conseiller maître et auditeur en la Chambre des Comptes de Bar, qui, de son mariage avec Marie Aubertin, a laissé plusieurs enfants de l'un et de l'autre sexe, savoir :

Pierre Hannel, prêtre, chanoine en l'église Saint-Maxe et official dudit Bar.

Antoinette Hannel, veuve de Toussaint Regnault, avocat ez-siège dudit Bar, dont elle a postérité.

François, baron de Levoncourt, seigneur de Vassincourt, Fleury, etc., lieutenant général au bailliage et, en cette qualité, premier conseiller né à la Chambre des Comptes dudit Bar, le-

quel fut décoré du titre de baron en l'année 1721, et est sans postérité de son mariage avec Barbe Derouyn, fille du président actuel de ladite Chambre.

La famille de Mouzin de Romécourt en descend aussi par le mariage de défunte Jeanne Hannel, sœur des susdits Pierre, Antoinette et François, avec Alexandre Mouzin de Romécourt, baron d'Issoncourt, etc., ancien conseiller d'État ordinaire des ducs Léopold et François.

Celle d'Aubry en vient aussi par Gabrielle Hannel, femme de Dominique Aubry, et sœur de l'anobli.

HÉDOUVILLE (D')

Porte : d'or au chef d'azur chargé d'un lion léopardé d'argent, lampassé de gueules.

Cette famille originaire de l'Isle de France, fut reconnue extraite d'ancienne noblesse par le procès verbal de la recherche faite en l'année 1668, en vertu de la commission donnée à M. de Caumartin, alors intendant de la Champagne, Joseph d'Hédouville, seigneur de Minecourt, capitaine au régiment de Polignac, l'un des descendants de cette famille est venu, depuis quelques années, transférer son domicile en la ville de Bar où il a épousé Jeanne Gérard, de condition noble, dont il a postérité, et particulièrement un fils aîné nommé N... lieutenant audit régiment, marié depuis peu à N... de Lescale.

Théodore, baron de Bouvet, Seigneur de Robert-Espagne, Erize-la-Grande, Merval, Vassincourt, etc., est sorti de cette famille par défunte Anne d'Hédouville, sa mère, cousine germaine du susdit Joseph.

HENRION ou HAUSSONVILLE — Famille éteinte.

Portait : d'or au chevron d'azur accompagné de trois tortues de sable, 2 en chef et 1 en pointe.

La noblesse de cette famille venait des Lettres d'anoblissement accordées en l'année 1579 à Michel Haussonville, demeu-

rant à Bar, avec changement de son surnom en celui d'Henrion,
qui était celui de sa mère nommée Jeanne, femme de Martin
Haussonville, demeurant à Longeville, pour éviter la confu-
sion avec la maison titrée d'Haussonville sous la protection de
laquelle il obtint les dites Lettres de noblesse ; mais cette
famille fut éteinte presqu'en sa naissance, l'anobli n'ayant eu
que deux filles de son mariage avec Nicole Beaudoux, dont
l'une nommée Christine Henrion fut mariée à Daniel Colin-Demarne, dont il reste postérité ; et l'autre nommée Françoise qui
épousa René Gaynot, lieutenant en la gruerie dudit Bar, dont
les enfants reprirent la noblesse; mais qui n'existe plus par
défaut de mâles.

Ainsi les seules familles qui en viennent par les femmes sont
celles de Demarne et de Lescale-Gaynot, par les susdites Christine et Françoise Henrion.

HEYBLOT

*Porte : d'azur au chevron d'or chargé d'une croix de gueules,
accompagnée de deux lions affrontés d'argent.*

Cette famille tient sa noblesse de la reprise maternelle faite
aux termes de la coutume de Bar, ensuite des Lettres patentes
obtenues à cet effet en l'année 1641 par Jean Heyblot, demeurant à Loisey, receveur de la terre Seigneurie de Pierrefitte,
du côté de Marie Boucher, sa mère de condition noble, qui
avait épousé Joseph Heyblot, prévôt et gruyer de ladite terre.

Du mariage dudit Jean Heyblot avec Agnès Pouppart, d'extraction noble, furent procréés plusieurs enfants des deux sexes
lesquels ont laissé postérité actuellement existante en la ville
de Bar et ailleurs.

Leurs descendants de nom et d'armes établis en ladite ville
sont :

Daniel Heyblot, seigneur en partie de Vavincourt et Sarney,
sans postérité de son mariage avec défunte Elisabeth de Beu-
villers ;

François Heyblot, aussi seigneur en partie desdits lieux, le-

quel n'a qu'un fils nommé Pierre, capitaine dans le régiment de Polignac, non encore marié;

Françoise, Agnès et Jeanne Heyblot, dames en partie desdits lieux et non mariées.

Tous les susdits et susdites frères et sœurs, enfants de feu Jean Heyblot contrôleur en la gruerie de Bar et de Françoise Longeaux.

Il y a encore d'autres descendants établis dans le ressort du bailliage de Saint-Mihiel. Les familles qui en viennent par les femmes sont :

Celle de Bertrand Duplateau par le mariage de Françoise Heyblot, sœur dudit Jean avec Jean Baptiste Bertrand Duplateau, demeurant à Bar;

Celle de Jobart par le mariage de Barbe Heyblot, avec Pierre Jobart, 3e du nom, contrôleur des eaux et forêts en la gruerie dudit Bar; et celles de Billault Leschicault et Longeaux par interposition du mariage de Françoise Jobart, fille dudit Pierre et de la dite Barbe avec Sébastien de Billault, seigneur de Saudrupt, cellerier des domaines dudit Bar.

HURAULT

Porte : d'argent billeté de gueules, au lion rampant de sable, chargé d'une croix potencée d'or sur l'épaule senestre, à la bordure engrelée de gueules.

La noblesse de cette famille vient de Lettres d'anoblissement obtenues en l'année 1503, par Jean Hurault de Gondrecourt, demeurant alors à Ligny, avec permission de porter les armes de Jeannette Le Fourel, son ayeule maternelle, et d'y ajouter une croix de Jérusalem d'or sur l'épaule du lion, en mémoire de ce que ledit Hurault avait fait le voyage de la terre sainte.

Quelques-uns de ses descendants ont été établis et domiciliés en ladite ville de Bar; mais ceux qui restent aujourd'hui de nom et d'armes demeurent en Lorraine, où la fille unique de l'un d'eux nommé Joseph-François, seigneur de Moranville, conseiller en la cour souveraine de Nancy, a contracté depuis peu une alliance illustre avec la maison de Torniello.

Les familles existantes en ladite ville de Bar qui viennent de celle ci-dessus, sont :

Celle de Morison qui a repris la noblesse par Mesline Hurault, femme d'Antoine Morison, demeurant audit Bar ;

Celles de De Bar et de Lescale-Gaynot, par les mariages de Marguerite Morison avec Jean-Henry Spon, et d'Eve Morison avec François Gaynot.

Et celles de Nuisement de Ligny et de Longeaux Le Paige, par le mariage de Louise Morison avec Jacque Deslresteau de Nuisement, et par interposition de celui d'Henriette-Charlotte de Nuisement avec Gaspard de Lescamoussier.

HURBAL

Portait : d'azur au lion rampant d'or.

L'origine de la noblesse de cette famille n'est pas connue à l'auteur du présent recueil ; il sait seulement qu'elle était tenue et réputée noble dès le milieu du xvie siècle et reconnue telle en la personne de François Hurbal, avocat ez siège de Bar, demeurant en ladite ville, auquel la qualité de noble fut toujours attribuée tant en justice qu'en tous autres actes authentiques.

Il eut de son mariage avec noble femme Marguerite Person, entre autres enfants un fils nommé Nicolas qui épousa Claude Villers d'extraction noble dont il ne reste plus de descendants mâles, et une fille nommée Florimonde Hurbal qui fut mariée à Alexandre Le Paige, enseigne de la ville haute dudit Bar, dont le fils reprit la noblesse aux termes de la coutume.

On trouve encore qu'en l'année 1612, il y eut des Lettres de noblesse accordées à Jean Hurbal, greffier de la baronnie d'Ancerville ; mais l'auteur de ce recueil n'en connaît ni les descendants ni les alliances ; il ne connaît non plus d'autres familles sorties par les femmes de celles ci-dessus, que la famille de Lepaige de Bazincourt, par ladite Florimonde Hurbal femme du susdit Alexandre Lepaige.

JACQUEMOT — Famille éteinte.

*Portait : de gueules à une voile de navire d'argent
surmontée de deux étoiles d'or.*

La noblesse de cette famille venait des Lettres d'anoblissement obtenues en l'année 1661, par François Jacquemot, avocat ez-siège de Bar qui n'eut de son mariage avec Françoise Gallet, de condition noble que deux filles qui aient laissé postérité, savoir :

Jeanne Jacquemot, mariée à Jérôme Rodouan, dont il reste postérité ; et Louise Jacquemot, mariée à Simon Rodouan de Blécourt, frère du précédent dont il reste pareillement postérité et notamment une fille nommée Thérèse Rodouan de Blécourt, femme de Philippe de Marien, ancien maître des comptes de Bar, aussi avec postérité.

Il y a encore les familles de Rouillon et de Drouin qui viennent de celle de Jacquemot par les mariages de Philippe Jacquemot, sœur de l'anobli, avec Jean Rouillon, avocat ez-siège de Bar et d'Anne Jacquemot avec Nicolas Parisot, et par interposition de celui de Renée Parisot avec Étienne Drouin.

JOBART

*Porte : d'azur à la bande d'or chargée de trois langues
flamboyantes de gueules.*

La noblesse de cette famille vient des Lettres d'anoblissement obtenues en l'année 1561, par Pierre Jobart, natif de Sillery, proche la ville de Reims, argentier du grand duc Charles III, lequel est venu transférer son domicile en celle de Bar quelques années auparavant, et où il a épousé Eve Preudhomme, d'extraction noble, fille de Philippe Preudhomme, auditeur des Comptes et prévôt dudit Bar, et de Catherine de La Mothe, issue d'une des plus anciennes noblesses de la province, duquel mariage sont nés deux fils, dont l'un est mort à Saint-Mihiel, religieux dans l'ordre de Saint-Benoît, et l'autre nommé Pierre, contrôleur des Eaux et Forêts en la gruerie dudit Bar, fut marié à Christienne Mangin, pareillement issue de famille noble, dont il eut plusieurs enfants de l'un et de l'autre sexe, lesquels ont laissé postérité existante aujourd'hui (1771) en ladite ville de Bar et ailleurs.

Leurs descendants de nom et d'armes, sont :

Joseph Jobart, seigneur du fief de Longeville, conseiller maître et auditeur en la Chambre des Comptes de Bar qui a postérité encore en bas âge de son mariage avec Thérèse de Rizaucourt;

Anne Jobart, mariée à Antoine Demarne, son cousin germain conseiller au bailliage dudit Bar, dont elle a postérité pareillement;

Marie Jobart qui a épousé N... Demanessy, prévôt du Pont-Saint-Vincent, près Nancy, dont elle a aussi postérité.

Marguerite Jobart, mariée depuis peu à Christophe de Noirel;

N... Jobart, religieux de Saint-Antoine et Charles Jobart, non encore marié, tous frères et sœurs, enfants de feu Sébastien-Joseph Jobart, ancien exempt des gardes du corps du duc Léopold et de Marie Colliquet, à présent sa veuve.

Les familles qui viennent de celle de Jobart par les femmes sont :

Celles de Billault-Leschicault, Longeaux et de Grossolles par le mariage de Françoise Jobard, tante du susdit Sébastien-Joseph avec Sébastien de Billault, seigneur de Saudrupt et du fief de Préville, cellerier des domaines de Bar, et par interposition d'Anne de Billault, femme de Philippe Barbillat-Leschicault, capitaine du quartier de la Neuve-ville, et du mariage de Barbe de Billault, sa sœur avec Charles Sébastien Longeaux, ancien capitaine d'infanterie pour le service du roi, et de celui de Françoise de Billault de Préville avec Charles-Anne de Grossolles, chambellan du duc Léopold.

Celles de Gérard, gruyer, et d'Hédouville de Minecourt, par le mariage de Christine Jobart petite fille de l'anobli, avec Jacob Gérard, avocat et maire de ladite ville de Bar, et par interposition de Jeanne Gérard, femme de Joseph d'Hédouville, seigneur dudit Minecourt.

Et celle de Dodot, établie à Saint-Mihiel par Eve Jobart, femme de Renault Dodot, contrôleur des domaines et Pont-à-Mousson.

JOLY ou de LAMOTHE DES AULNOY

Porte : d'azur à la fasce d'argent chargée de cinq croisettes de gueules, 3 et 2, surmontée de deux lions naissants d'or affrontés et accompagnés d'un cœur de même en pointe.

Cette famille originaire de Nogent-le-Rotrou, en la province du Perche tient sa noblesse des Lettres d'anoblissement obtenues en l'année 1641, par Louis Joly, docteur en médecine, demeurant à Bar, fils de Jérome Joly, pharmacien, natif dudit Nogent, et de Claudon Derval, de condition noble, qu'il épousa audit Bar, où il avait transféré son domicile et sa profession ; ledit Louis fut marié avec Hélène Lescamoussier aussi d'extraction noble dont il eut, entre autres enfants, un fils de même nom qui a laissé postérité de son mariage avec Jeanne Oryot, pareillement de noble famille, et dont le petits-fils nommé Charles a joint à son nom celui de Desaulnoy, cette famille n'étant même connue aujourd'hui que sous ce nom et celui de Lamothe.

Les descendants de nom et d'armes qui existent actuellement sont :

Charles Joly-Desaulnoy, demeurant à Lavincourt, qui eut de son mariage avec Anne Gérard, quatre fils dont l'aîné, nommé François Charles, est officier avancé dans les troupes de la reine de Hongrie,

Le second nommé Charles Augustin, a épousé X... De La Veufve.

Le troisième nommé Brice-Antoine est aussi au service de la reine de Hongrie ; et un quatrième, nommé Alexandre.

JORDAN

Porte : de gueules au lion rampant d'or couronné de même, au chef cousu de sable chargé d'un croissant d'argent chargé de deux étoiles de même.

La noblesse de cette famille vient des Lettres d'anoblissement accordées en l'année 1720 à Claude Jordan, originaire de la province de Dauphiné, lequel vint transférer son domicile en la ville de Bar, dans les premières années de ce siècle, où il a travaillé jusqu'à sa mort à donner au public les journaux historiques sur les matières du temps ; mais cette noblesse se trouve presque éteinte en sa naissance, du moins dans ladite ville, où il n'a laissé qu'un fils, décédé depuis quelques années, et dont il ne reste que deux filles qui ne sont point encore mariées.

LAFAULCHE

Porte : d'azur à la fasce d'or chargée à dextre d'un croissant montant de sable, accompagnée de quatre quintefeuilles d'or, 3 en chef et 1 en pointe.

.·Cette famille originaire de la ville de Bar et présentement établie en celle de Paris, tient sa noblesse des Lettres de reprise maternelle obtenues en l'année 1712 par François Lafaulche, natif dudit Bar, alors payeur des rentes de l'Hôtel-de-Ville de Paris, et depuis seigneur de Laimont et Sommelonne, du côté de Marie de Mussey, sa grand mère d'extraction noble, qui avait épousé Nicolas Lafaulche. son ayeul, procureur ez-siège dudit Bar.

Les descendants continuent leur demeure en ladite ville de Paris.

Il y a encore d'autres familles nobles dans la ville de Bar qui viennent de celle de Lafaulche, par les femmes : telles sont celle de Bertrand-Duplateau et les descendants de celle de Barbillat par le mariage de Nicole Lafaulche avec Nicolas Barbillat, avocat ez-siège dudit Bar.

LAIGLE (DE)

Porte : de gueules à l'aigle éployée d'argent.

La noblesse de cette famille qui est originaire de Saintonge, fut reconnue par le procès-verbal de la recherche faite par ordre du roi en l'année 1668 par M. de Caumartin alors intendant de la province de Champagne après avoir été vérifié sur les pièces produites par Jacque De Laigle de la Montagne, sieur de Champgerbault, Pierre et Charles de Laigle, ses frères, Louise et Renée, ses sœurs.

De cette famille était issu Philippe de Laigle, demeurant au Petit-Louppy qui eut de son mariage avec Marguerite Thierry de Lacour, entre autres enfants un fils nommé Claude qui embrassa l'état ecclésiastique dans lequel il est mort abbé commandataire de Mureau et grand vicaire de l'évêché de Toul.

Il n'est point resté d'autres enfants de ce mariage qui aient laissé postérité qu'une fille qui vit encore, savoir :

Antoinette de Laigle, demeurant à Bazincourt, présentement veuve de Claude Lepaige, seigneur de La Cour et maison forte dudit Bazincourt, capitaine de cavalerie au régiment de Bouguyon, dont elle a postérité.

LA LANCE (DE)

Porte : d'azur à trois annelets d'or, 2 en chef et 1 en pointe.

Il y a dans les Etats de Lorraine et Barrois plusieurs familles nobles de ce nom, mais dont la noblesse ne vient pas de la même source.

On trouve sur les registres de la hérauderie un nommé Ydoux de La Lance, anobli en l'année 1556, lequel était valet de chambre du grand duc Charles III; mais on ne trouve pas que la famille de La Lance établie en la ville de Verdun et en celle de Bar en soit sortie; on voit seulement que Didier de La Lance, seigneur de Moranville, tige connue de ladite famille, qui vivait dans le XVI⁰ siècle, était tenu et réputé de condition noble, et en prenait les qualités en tous actes publics, de même que ses descendants Gérard, Robert, Mathieu et François, ses fils et arrière petits fils, auxquels les qualités et privilèges réservés à la noblesse ont toujours été attribués sans trouble ni empêchement.

Les descendants de cette famille actuellement existants de nom et d'armes sont :

Antoine de La Lance, seigneur de Fromeréville, demeurant à Verdun qui a postérité de son mariage ; François Nicolas de La Lance, seigneur de Saint-André, etc.., demeurant à Bar, lequel est sans postérité de son mariage avec Marguerite Demarne. Lesdits Antoine et François fils des défunts François de La Lance, capitaine en France et depuis en Lorraine, et de Gabrielle Gestas de La Lance, d'extraction noble.

LAMORRE (DE)

Porte : d'azur à cinq chevrons d'or l'un sur l'autre.

La noblesse de cette famille vient de la reprise maternelle faite aux termes de la coutume de Bar, en vertu d'une sentence rendue en la prévôté de Stainville en l'année 1583 au profit de Claude de Lamorre, prévôt du dit Stainville, du côté de Catherine Desguyots, sa mère, fille de Nicolas Desguyots et de Jeanne Desbigots, de condition noble, originaire du Clermontois, laquelle avait épousé Nicolas de Lamorre, alors receveur de Sommelonne, et depuis dudit Stainville. Ladite reprise reconnue par Lettres patentes de l'année 1629 obtenues par ledit Claude de Lamorre, demeurant alors à Lavincourt, qui eut de son mariage avec Alix Gillot, plusieurs enfants de l'un et de l'autre sexe, dont l'un entre autres, nommé Charles, est mort revêtu de l'office de receveur général des domaines du Barrois, laissant de son mariage avec Anne Depoinctes, d'extraction noble, un fils nommé Alexandre, receveur desdits domaines, qui fut marié à Marguerite de Lescale, aussi de noble famille, dont il reste aujourd'hui postérité.

Les descendants de cette famille actuellement existants de nom et d'armes sont :

Antoine de Lamorre, seigneur de Savonnières, ancien conseiller d'État et doyen actuel de la Chambre du Conseil et des Comptes du duché de Bar, lequel a postérité de son mariage avec Gabrielle Cachedenier de Vassimont.

N... de Lamorre, veuve de N... Thierry, baron de Saint-Baussant seigneur de Xivray, Montsec, etc., dont elle a aussi postérité;

Barbe Charlotte de Lamorre, mariée à Pierre Leclerc, sieur de Vrainville, ancien maître des Comptes de Bar, et prévôt actuel de Villers-la-Montagne, dont elle a pareillement postérité.

Les susdits Antoine, N..... et Barbe-Charlotte, frère et sœurs,

enfants des défunts Charles de Lamorre, maître des Comptes dudit Bar et de Marguerite Gisson.

Jean-Baptiste de Lamorre, ancien conseiller en ladite Chambre des Comptes, qui a trois fils de son mariage avec Christine de Sallé, dont l'aîné est conseiller en ladite Chambre, le puiné officier dans les troupes de la reine de Hongrie, et le plus jeune clerc du diocèse de Toul.

Rose de Lamorre, mariée à N..... Levasseur, avec postérité ;

Louise de Lamorre, qui a épousé Hyacinthe Chanot, lieutenant en la gruerie de Bar, aussi avec postérité.

Les susdits Jean-Baptiste, Rose et Louise, frères et sœurs, enfants des défunts Alexandre de Lamorre, conseiller en ladite Chambre, frère du susdit Charles et de Marie Alliot.

Il y a encore des descendants d'une branche de cette famille, sortie de Claude de Lamorre et d'Elisabeth Périn, demeurant présentement à Dammarie, prévôté de Ligny.

Les familles qui descendent de celles ci-dessus par les femmes, sont :

Celle de Colliquet, de la ville haute, par le mariage de Jeanne de Lamorre, sœur des susdits Charles et Alexandre, avec Antoine de Colliquet, prévôt de Ligny.

Celle de Peschart et les dames de Robert-Espagne et de Levoncourt, par Thérèse de Lamorre, sœur de ladite Jeanne, femme d'Antoine Nicolas, baron de Rouyn, président actuel de la Chambre des Comptes, et par interposition du mariage de Thérèse de Rouyn avec René Peschard, seigneur d'Ambly et Tornizet.

Et celles de Morison et Dubois, par Elisabeth de Lamorre, femme de Gabriel Le Marlorat, conseiller en ladite Chambre des Comptes, et interposition de Marie Le Marlorat, femme de Jean Camus, aussi conseiller en icelle.

LA MOTHE (DE) — Famille éteinte.

Portait : écartelé du 1ᵉʳ au 4, de gueules à une tour d'argent crénelée et maçonnée de sable, du 2 au 3, d'azur à la chaîne d'or mise en sautoir.

La noblesse de cette famille était des plus anciennes de la

province et reconnue telle dès le XIV° siècle temps auquel vivait Périn de La Mothe, châtelain du château de Bar, qui épousa Mariette de Longeville, dame de Fains, de très noble extraction, dont il eut un fils nommé Thierry, châtelain du dit château, qui eut de son mariage avec Poincette de Brodières, aussi d'extraction noble, Edouard de La Mothe, mort procureur général dudit Bar, père de Thiéry, 2° du nom, qui fut marié à Jeanne Merlin, fille du président Jeannot Merlin, lequel est mort conseiller auditeur des Comptes et lieutenant général au bailliage dudit Bar, laissant, entre autres enfants; un fils nommé Jean, conseiller auditeur en ladite Chambre des Comptes, qui fut marié avec Jeanne de Briel, issue pareillement d'ancienne noblesse, dont il eut plusieurs enfants de l'un et de l'autre sexe, mais dont il ne reste aucun des descendants de nom et d'armes depuis plus d'un siècle.

Les descendants des familles par les femmes sont :

Celle de Jobart par le mariage de Catherine de La Mothe, fille du susdit Jean et de la susdite Jeanne de Briel avec Philippe Preud'homme, conseiller auditeur en ladite Chambre des Comptes et prévôt dudit Bar; et par interposition de celui d'Eve Preud'homme, sa fille, avec Pierre Jobart, argentier du grand duc Charles III, et celles de Longeaux, de Billault Leschicault et Gérard, gruyer, par le mariage de Françoise Jobart avec Sébastien de Billault, Seigneur de Saudrupt, cellerier des domaines dudit Bar, et de Christine Jobart avec Jacob Gérard, maire de ladite ville de Bar.

Celle de Rosières, par le mariage de Jeanne de La Mothe, avec Jean de Rosières, conseiller auditeur en ladite Chambre, et celles de Rouyn, Colliquet du Bourg, Peschard, et par interposition de celui d'Adrienne de Rosières, fille dudit Jean avec George Deserrard, seigneur de Fleury, et Louise Deserrard avec Alexandre De Rouyn, seigneur de Vassincourt, etc.

Les descendants par les femmes de la famille d'Aurillot, en viennent aussi par le mariage d'Agnès de La Mothe, sœur desdites Catherine et Jeanne, avec François d'Aurillot, conseiller en ladite Chambre des Comptes.

Plusieurs familles de Bar en descendent par les femmes :

Celle de Jobart, particulièrement, dont il sort par Françoise Jobart, son aïeule maternelle en vient par le mariage de Pierre Jobart, premier du nom, anobli en 1561, avec Eve Le Preudhomme, fille de Philippe Le Preudhomme, auditeur des comptes et prévôt de Bar, et de Catherine de La Mothe.

LAMYER — Famille éteinte.

Portait : d'or à la fasce d'azur accompagnée de trois croissants montants de sable, 2 en chef et 1 en pointe.

Cette famille était originaire de Provence, et tenait sa noblesse des Lettres d'anoblissement obtenues en l'année 1483 par Jean Lamyer, receveur de la vicomté de Martigny, en ladite province et depuis revêtu de l'office de procureur général au bailliage de Bar, où il était venu transférer son domicile quelques années auparavant, et où il est mort sur la fin du même siècle; mais il ne paraît nulle part qu'il ait laissé aucun descendant mâle de son mariage avec Isabelle Mairesse, sa veuve en 1500, ni même des filles qui aient contracté mariage en ladite ville; du moins, l'auteur de ce recueil n'en a aucune connaissance par les recherches qu'il en a faites.

LARÉAULTÉ — Famille éteinte.

Portait : d'azur à trois épées posées en fasce, la pointe en haut à lames d'argent et poignées d'or.

La noblesse de cette famille prenait sa source des Lettres d'anoblissement obtenues en l'année 1534 par Johannes de la Réaulté, conseiller et secrétaire ordinaire de René de Lorraine, roi de Sicile, etc., et auditeur en la Chambre du Conseil et des Comptes de son duché de Bar, mort président de ladite Chambre, dont les descendants mâles se sont établis dans la ville et bailliage de Saint-Mihiel, et deux de ses filles dans celle de Bar, dont l'une nommée Isabelle, fut mariée à Pierresson Bruslé, aussi conseiller secrétaire dudit seigneur roi et auditeur en sa dite Chambre, dont il ne reste aujourd'hui de postérité que par les femmes, et l'autre, nommée Louise, morte en ladite ville sans postérité de son mariage avec Didier Mairesse.

Les familles dudit Bar qui descendent de celle de Laréaulté par la susdite Isabelle, sont les mêmes qui viennent de celle de Bruslé.

LAURENT de BRIEL et LATOURTE

Portent : d'azur au chevron renversé d'or, au cor de chasse de même, lié de gueules, pendant au chevron.

La noblesse de cette famille vient des Lettres de reprise maternelle obtenues en l'année 1568 par Claude Laurent et Didier Latourte, son frère utérin, demeurant à Tronville, du côté de Mesline de Briel, leur mère, d'extraction noble, fille de Perin de Briel et de Jeanne Jollyot, qui avait épousé en premières noces Claude Laurent, premier du nom, et en secondes noces Jean Latourte. Le susdit Claude Laurent fut marié avec Françoise Raulot, aussi de condition noble, dont il eut plusieurs enfants et entres autres Pierre Laurent de Briel, receveur de Morley, dont la postérité de mâles en mâles existe encore aujourd'hui, et François Laurent de Briel, demeurant à Bar, qui de son mariage avec Anne Vyart, aussi de noble famille, eut Nicolas Laurent de Briel, mort revêtu de l'office de lieutenant général en la prévôté dudit Bar, dont il ne reste postérité que par Françoise, sa fille, mariée à Sébastien de Billault, son successeur audit office.

Quant aux descendants du susdit Didier Latourte, l'auteur de ce recueil ignore s'il en reste aujourd'hui de Blaise et Fiacre Latourte, ses deux fils, nés de son mariage avec Pauline Regnard.

Les descendants mâles de la famille de Laurent de Briel qui existent aujourd'hui sont : Pierre et Charles Laurent de Briel, établis à Montiers-sur-Saulx, fils de Charles Laurent de Briel et d'Anne Sirjean.

Les familles qui en viennent par les femmes sont : celle de Billault-Laurent, par le mariage de Françoise Laurent de Briel avec le susdit Sébastien de Billault.

LAURENT DE LISLE — Famille éteinte en sa naissance.

Portait : d'azur à une gerbe d'or surmontée d'un soleil de même.

Cette noblesse venait des Lettres d'anoblissement obtenues en l'année 1715 par Henri Laurent demeurant alors en l'abbaye de Lisle-en-Barrois, décédé depuis peu dans un âge très avancé sans postérité.

LE BESGUE

Porte : écartelé du 1 au 4 d'azur au lion rampant d'or, armé et lampassé de gueules, tenant une hache d'armes d'argent, accompagné de trois coquilles d'or, 2, et 1 ; et du 2 au 3 d'Anglure.

L'origine de la noblesse de cette famille n'est pas venue à la connaissance de l'auteur de ce recueil, il sait seulement que dès le milieu du xvie siècle, les qualités de noble et d'écuyer ont été données dans des actes publics à Philbert Le Besgue, prévôt de Vitry-le-François, qui de son mariage avec Jeanne Lavefve, d'extraction noble, eut un fils nommé Claude Le Besgue, seigneur de Marolles, mort président au présidial dudit Vitry ; lequel, de même que ses descendants établis depuis peu en la ville de Bar, avait toujours pris la qualité d'écuyer, et joui sans difficulté de tous les privilèges réservés à la noblesse, et dont le petit fils nommé Nicolas, fut même marié avec Jeanne d'Anglure, issue de très noble extraction, duquel mariage il reste postérité, décorée du titre de vicomte, en vertu des Lettres obtenues en l'année 1736 par défunt François Le Bègue, sieur Denonsart, seigneur de Lisle-en-Rigault en partie et ancien sous-lieutenant des Chevau-légers de la garde du duc Léopold, qui a pareillement laissé postérité de son mariage avec Angélique Depinguet, à présent sa veuve.

Les descendants de nom et d'armes de cette famille qui existent aujourd'hui sont :

Charles Le Bègue, capitaine réformé de dragons, non marié, ainsi que sa sœur N.....

Catherine Le Bègue, également leur sœur, veuve de Joseph

Olivier d'Hadonviller, ancien secrétaire d'État, commandements et finances de feu le duc Léopold, sans postérité.

N... vicomte Le Besgue, seigneur dudit Lisle en partie, chevalier de Saint-Louis, capitaine d'infanterie au régiment royal Bavière et ingénieur dans les troupes du roi, lequel n'est pas encore marié ;

N... Le Besgue, son frère, prêtre et prévôt des chanoines de l'église collégiale de Deneuvre ;

Et N..., Le Besgue, leur sœur, non encore mariée.

Les familles qui en sont sorties par les femmes sont celles de Vassart, Desvoulton et Gérard-Gruyer, par le mariage de Louise Le Besgue, sortie d'une autre branche, avec François Vassart (Voy. l'art. de Vassart).

LÉGER — Famille éteinte.

Portait : d'azur au chevron d'or, accompagné de deux molettes de même en chef.

La noblesse de cette famille venait des Lettres de reprise maternelle obtenues en l'année 1582, par Louis Léger, prévôt, gruyer et receveur de Dun, du côté de Marie Lescamoussier, sa mère, de condition noble, qui avait épousé Claude Léger, docteur en médecine, demeurant à Bar. Ledit Louis n'eut de son mariage avec Madeleine de Mangeot, aussi de famille noble, que des filles, dont l'aînée nommée Barbe, fut mariée à Jean-Jacques de Suèves, chambellan de S. A., gouverneur de Dun, duquel mariage il eut Catherine de Suèves, mariée au comte de Savigny, dont une fille épousa le comte de Ludre, père de la maréchale de Beauvau ; la cadette, nommée Marie Léger, fut mariée à Jacque Lescamoussier, conseiller auditeur en la Chambre des Comptes de Bar, la troisième nommée Marguerite fut mariée dans le Clermontois à un gentilhomme nommé N... De Mouzay ; et Louise, la plus jeune des quatre filles du susdit Louis Léger, épousa Jacque Deshesteaux de Nuisement, receveur général du comté de Ligny ; desquels mariages il reste postérité, excepté du dernier.

Il n'est pas fait mention dans lesdites Lettres de reprise

maternelle obtenues par ledit Louis Léger, de Claude, Barbe, Anne et Reine, ses frères et sœurs; aussi les descendants dudit Claude n'ont-ils jamais joui des privilèges de noblesse.

Il ne reste aujourd'hui (1771) dans la ville de Bar ni dans son district d'autre famille descendante dudit Louis Léger, que celle de Longeaux-Lepaige, par interposition du mariage de défunte Louise Lescamoussier, petite fille du susdit Jacque, et de la susdite Marie Léger avec Jean Lepaige, conseiller en la Chambre des Comptes dudit Bar, et de celui de Jeanne Lepaige, leur fille unique, avec Charles Pierre Longeaux, conseiller en ladite chambre, et Marie et Charlotte Lescamoussier, sœur de ladite Louise, lesquelles sont sans postérité.

Les autres familles sorties de Claude Léger et de Marie Lescamoussier sont :

Celles de Fleury, de Bar, Devoulton, de Billault, Laurent et Lesmosleur par Barbe Léger, femme de Louis Rosières, et Anne Léger, femme d'Antoine Fleury;

Celle de Lepaige-des-André en vient aussi par N... Léger, femme de Claude de Fuzelier, et interposition du mariage de Renée Fuzellier avec Charles Frédéric de Pont, sieur de Savesnes.

LÉGLISE (DE) — Famille éteinte.

Portait : d'azur à une église d'argent maçonnée de sable.

La noblesse de cette famille était réputée ancienne dès le xv⁰ siècle, temps auquel Jean de Léglise, procureur général de Lorraine, vint contracter mariage en la ville de Bar avec Claude Bruslé, fille de Pierresson Bruslé, dont il est fait mention ci-devant, et dont les descendants ont continué leur domicile en ladite ville et particulièrement Jean de Léglise, son petit-fils, qui y est mort revêtu de l'office de lieutenant général au bailliage dudit Bar, laissant plusieurs enfants nés de son mariage avec Antoinette Gilles d'extraction noble, mais dont il ne reste plus de descendants mâles, non plus que de Claude de Léglise, son frère, qui avait épousé Nicole Belamy, aussi de condition noble.

Les familles qui en viennent par les femmes sont :

Celles d'Alençon et Antoine de Bussy, par le mariage de Catherine de Léglise, fille du susdit Jean, lieutenant général avec Christien d'Alençon qui fut son successeur audit office ;

Celles de Cachedenier et de Neyon, par les mariages de Marguerite de Léglise avec Daniel Cachedenier de Vassimon, conseiller en la Chambre des Comptes de Bar, et d'Antoinette de Léglise, sa sœur, avec Balthazard de Neyon, conseiller en ladite Chambre, et aussi

Celles de Desvoulton et de Bar, par interposition du mariage de Gabrielle de Neyon avec Henri Desvoulton, pareillement conseiller en ladite Chambre.

Et celles de Billault-Leschicault, Serre, Vyart-Serre et Rogier, médecin, par Jeanne de Léglise, femme de Balthazard Leschicault et fille du susdit Claude de Léglise et Nicole Belamy.

LEGRAND — Famille éteinte à Bar et dans son district.

Porte : d'azur à la fasce d'argent, accompagnée d'un lion passant d'or en chef et d'un gantelet d'argent damasquiné d'or, posé en fasce, en pointe.

La noblesse de cette famille vient des Lettres d'anoblissement obtenues en l'année 1595 par Claude Legrand, archer des gardes du grand duc Charles III demeurant à Bar, dont un fils aussi nommé Claude est mort revêtu de l'office de conseiller en la Chambre des Comptes dudit Bar; mais il ne reste plus de ses descendants en ladite ville ni dans son district, lesquels sont aujourd'hui établis dans le duché de Lorraine.

L'auteur de ce recueil ignore s'il y a quelques familles audit Bar qui en viennent par les femmes.

LEGRAND

Porte : coupé d'or et de gueules, au lion rampant de l'un à l'autre, à la bordure engrelée, coupée de même de l'un à l'autre.

Cette noblesse vient des Lettres d'anoblissement obtenues en l'année 1721 par Dominique Legrand, demeurant à Bar, présentement capitaine d'infanterie pour le service du roi au régiment des gardes de Lorraine, lequel n'est pas encore marié. Il est fils de défunt Dominique Legrand, avocat ez-siège de Bar, et de Barbe Varin, native de Ligny.

LEGROS — Famille éteinte.

Portait : taillé d'or et d'argent, à la fasce de gueules accompagnée de deux lions léopardés de même, l'un en chef sur l'or, passant à dextre et l'autre en pointe, passant à senestre.

Nota : La famille de Gaynot a pris les mêmes armes.

La noblesse de cette famille venait des Lettres d'anoblissement obtenues en l'année 1531, par Thiébault Legros, demeurant à Bar, valet de chambre du grand duc Charles III; mais cette noblesse n'a pas duré longtemps après sa naissance par défaut de mâles. Il n'est pas connu qu'il y ait aucune famille dans ladite ville dudit Bar qui en descende par les femmes : s'il a laissé postérité il est certain que ce n'est pas de son mariage avec Jeanne Minel, sa femme en deuxièmes noces, dont les biens à sa mort ont été partagés entre les héritiers collatéraux.

On ignore pourquoi la famille de Gaynot a pris les mêmes armes.

LEPAIGE-HURBAL

Porte : d'azur au lion rampant d'or.

La noblesse de cette famille vient de la reprise maternelle faite en l'année 1637, par Alexandre Lepaige, lieutenant au régiment de Coislin, du côté de Florimonde Hurbal (fille de N... Hurbal), avocat..... issue de condition noble, laquelle avait épousé Alexandre Lepaige, son père, enseigne de la ville haute. y demeurant; ladite reprise faite en vertu d'une sentence rendue au bailliage dudit Bar en ladite année, et des Lettres de confirmation en 1715. Ledit Alexandre ne laissa de son mariage avec Claude Gaulme d'extraction noble, qu'un fils dont il reste postérité, savoir :

Alexandre Lepaige, seigneur de Creue, Noiseville, de Laigle et de La Cour et Maison forte de Bazincourt, chevalier de Saint-Louis et ancien capitaine de cavalerie au régiment de Royal Cravatte, qui a postérité de son mariage avec Christine Duplessis, et, entre autres enfants, un fils nommé N..., lieutenant audit régiment, non encore marié et une fille nommée Marie qui a épousé depuis peu Jean-Charles Longeaux.

Anne Lepaige, femme de François Demarne, sieur de Boncourt, dont elle a pareillement postérité ;

Antoinette Lepaige, dame de Maxey-sur-Vaize, présentement sans postérité, tant de son premier mariage avec défunt Bernard de Courcelles, seigneur du fief d'Haironville, que de celui contracté en secondes noces avec Jeanne de Lescluse, seigneur actuel dudit Maxey, etc.

Les susdits Anne, Alexandre et Antoinette, frère et sœurs, enfants de défunt Claude Lepaige, seigneur du fief dudit Bazincourt, capitaine de cavalerie au régiment de Hennepont pour le service du roi, et d'Antoinette de Laigle, présentement sa veuve.

Les enfants de défunt Nicolas Briot, ancien conseiller surnuméraire en la Chambre des Comptes de Bar, demeurant à Ligny, en viennent aussi par son mariage avec défunte Gabrielle Lepaige, de même qu'une fille mineure de défunt Nicolas Lepaige de Récicourt, son frère, demeurant à Saint-Dizier.

LEPAIGE-GAULME

Porte : d'azur à 3 falots d'or allumés de gueules,
2 en chef et 1 en pointe.

Cette famille vient de la même tige que la précédente, mais non pas de la même noblesse. Celle-ci tire son origine de la reprise maternelle faite en l'année 1640 par Claude Lepaige, avocat ez-siège de Bar, Nicolas et Anne ses frère et sœur, du côté d'Antoinette Gaulme et d'Anne Collesson, laquelle avait épousé Emmanuel Lepaige, demeurant audit Bar, frère germain d'Alexandre Ier du nom dont il est fait mention dans l'article précédent, lesquels étaient enfants de Jean Lepaige, capitaine enseigne de ladite ville haute de Bar et de Marthe Errard. Ladite reprise confirmée en 1708 par Lettres patentes du duc Léopold.

Les descendants de nom et d'armes de cette famille actuellement existants sont : Jean Lepaige, conseiller, maître et auditeur en la Chambre des Comptes de Bar, qui, de son mariage avec Louise de Lescamoussier, a une fille unique nommée Jeanne, mariée à Charles Pierre Longeaux, aussi conseiller maître et auditeur en ladite chambre, dont elle a postérité;

François Lepaige, son frère consanguin, chevalier de Saint-Louis, ancien capitaine d'infanterie au régiment de Piémont, lequel est marié dans la Beauce, sans postérité de trois mariages par lui contractés en ladite province;

Anne Lepaige, sœur germaine dudit François, mariée à Hubert Serre, avocat ez-siège dudit Bar, avec postérité;

Marguerite et Claude Lepaige, non mariés, aussi frère et sœur germains desdits François et Anne.

Anne, Charles et Claude-Françoise Lepaige, leurs neveux et nièces, ladite Claude-Françoise mariée depuis peu à Philippe-Germain Dumesnil, et les deux autres non mariés.

Il y a encore d'autres descendants des susdits Emmanuel Lepaige et Antoinette Gaulme, établis à Sarney, lesquels sont sortis du susdit Nicolas Lepaige et de Marguerite Gallois.

Les familles qui en viennent par les femmes sont celle de Clément de Bazincourt, par le mariage de Claude Lepaige avec Charles Clément, et celle de Thionville, d'Érize-Saint-Dizier, par Anne Lepaige, femme de Pierre de Thionville.

Il y a aussi d'autres familles nobles sorties de Gérard Lepaige, souche commune de deux branches, et d'Isabeau Maucervel, de Beurges de Renesson, Vassart, Gérard-Gruyer, par Marie Lepaige fille dudit Gérard, mariée en premières noces à Jean Derosne, et par interposition de Marie et Marguerite Derosne, femmes de François Boucher et de Germain Stable Dumesnil; de Marie Derosne, femme de Didier Vassart, et de Didière Derosne, femme de Didier Gérard.

Et encore celles de Vassimon, de Bar, Barbillat-Leschicault, et Barbillat-Boucher, etc., par ladite Marie Lepaige, femme en secondes noces de Jean Poyart, et interposition du mariage de Marguerite Poyart avec Nicolas Barbillat.

Il y a encore une branche de la même famille sortie du susdit Gérard Lepaige, par Claude, son fils puîné, qui fut anobli en l'année 1585, mais lequel alla transférer son domicile en Lorraine, où il épousa à Mirecourt Alix de Lataxe, de condition noble, et dont les descendants se sont établis à Taon près de Neufchateau.

Cette branche porte :

D'azur à 2 pigeons contrebecqués d'or, posés sur un tertre de même et surmonté d'une croix pattée aussi d'or.

LESCAILLE ET DEPUIS DE LESCALE — Famille éteinte

Portait anciennement : d'azur à la croix dentelée d'argent cantonnée du 1 au 4 de deux poires d'or, et du 2 au 3 de deux éperons de même, posés en barre, les molettes en haut.

et depuis :

De gueules à une échelle d'argent mise en pal, au chef d'or chargé d'une aigle éployée de sable.

La noblesse de cette famille fut reconnue en l'année 1501, temps auquel Henry, Robert et Gérard Lescaille, frères, vinrent s'établir dans le bailliage de Bar, et particulièrement ledit Henry dans le village de Laheycourt, dont le petit-fils nommé Claude, fut marié avec Louise Maillet, de condition noble, duquel mariage il eut, entre autres enfants, un fils nommé Antoine, lequel fut marié à Anne Gaulme, aussi de condition noble, dont il eut Mathieu, Adam, Judith, Jacob et Antoine Lescaille, avec lesquels il se retira à Basle en Suisse, et où il les établit; de même qu'un de ses frères, nommé Robert, dans le canton de Berne, où il s'était pareillement retiré ; ce qui se voit par un acte de notoriété rendu au bailliage de Bar du 7 octobre 1588, à la requête dudit Antoine, portant attestation du lieu de sa naissance, alliances et noblesse, avec le blason de ses armes telles qu'elles sont décrites en tête du présent article, savoir : d'azur à la croix dentelée d'argent, etc.

L'aîné de ses enfants nommé Mathieu fut marié à noble femme Philippe Collesson, dame de Longchamp, dont il n'eut qu'un fils nommé Antoine, mort seigneur dudit lieu, sans postérité, et en la personne duquel cette famille est éteinte.

Il est à noter que le susdit Mathieu et Antoine, son frère (appelé depuis Scipion) avaient changé leur surnom en celui de Lescale et pris les armes de l'illustre maison Scaliger, dont ils prétendaient être sortis.

L'auteur de ce recueil ne connaît d'autres familles qui viennent de celle de Lescaille que celle dont il fait mention en l'article suivant, dont les descendants sont sortis par les femmes d'un frère du susdit Henry, et portent à présent le nom de Lescale, et les armes des Scaliger.

LESCALE (DE) ci-devant QUENAULDON

Porte les mêmes armes telles qu'elles sont blasonnées
en l'article précédent.

Cette famille tient sa noblesse de la reprise maternelle faite en l'année 1608 aux termes de la coutume de Bar, par Charles Quenauldon, demeurant à Villotte-devant-Louppy-le-Châtel, du côté de Claudine Lescaille, sa mère, de condition noble, laquelle descendait de l'un des frères de Henry Lescaille, dont il est parlé ci-devant, et avait épousé Andreu Quenauldon, valet de Chambre de S. A. le grand duc Charles III, demeurant à Villers-aux-Vents, père dudit Charles, qui eut de son mariage avec Marguerite Berbier, plusieurs enfants de l'un et de l'autre sexe, lesquels quittèrent le nom de Quenauldon pour prendre celui de Lescale, avec les mêmes armes qu'ils portent encore aujourd'hui.

Les descendants de cette famille existant actuellement de nom et d'armes sont : Antoine de Lescale, seigneur de Villotte-devant-Louppy, etc. fils d'Antoine de Lescale, et de Jeanne de Mussey, lequel a postérité de son mariage avec Jeanne Gaynot, savoir : un fils nommé N... qui est marié depuis peu avec Marguerite de Laruelle; Marie-Louise, sa fille aînée qui a épousé Joseph de Rizaucourt, seigneur de Guerpont et Silmont en partie, conseiller au bailliage de Bar, et Louise de Lescale, non encore mariée.

Henry de Lescale, frère consanguin dudit Antoine 2e, demeurant présentement à Rembercourt-aux-Pots, qui a pareillement postérité de son mariage avec défunte Jeanne Demarne, et dont la fille aînée a épousé Jean-Baptiste de Beurges, seigneur du Buisson avec postérité.

Les autres enfants dudit Henry ne sont pas encore mariés; deux de ses fils sont actuellement officiers dans les troupes du roi.

Il y a encore d'autres descendants de nom et d'armes établis à Louppy et à Erize-Saint-Dizier, qui viennent de Claude de Lescale, cousin germain du susdit Antoine 1er du nom, lesquels ont postérité.

Les familles qui viennent de celle ci-dessus par les femmes sont :

Celle de Lamorre par le mariage de Marguerite de Lescale avec Alexandre de Lamorre (voyez ce nom).

Celles de Rizaucourt, seigneur de Guerpont et Silmont, etc. avec Thérèse de Lescale, et celui de François Vyart, procureur général, avec Catherine de Lescale.

Celle de Noirel, par Jeanne de Lescale, femme de Christophe de Noirel.

La famille de Gallois de Rampont, de Ligny, en descend aussi par N... de Lescale, veuve de N... Gallois de Rampont, dont une fille est mariée à Bernard Demarne, conseiller au bailliage de Bar.

LESCAMOUSSIER-GUYOT — Famille éteinte.

Porte : de gueules à un croissant d'argent, surmonté d'une étoile d'or à cinq rais.

Portait ci-devant :

D'azur au chevron d'or, accompagné de deux roses d'argent, en chef, et d'une molette d'éperon d'or en pointe.

La noblesse de cette famille, présentement éteinte par défaut de mâles, prend son origine des Lettres de reprise maternelle obtenues en l'année 1521 par Jacque Lescamoussier, du côté de

Catherine Guyot, sa mère, de condition noble, fille de Pierre Guyot, prévôt de Bar, et de Mesline de Villers, laquelle avait épousé en premières noces, Jean Lescamoussier, demeurant audit Bar, et en deuxièmes noces Jacque de Chezeaux, prévôt de ladite ville. Ledit Jacque Lescamoussier eut de son mariage avec Marguerite Lebriseur, aussi de noble famille, plusieurs enfants de l'un et de l'autre sexe, dont l'aîné nommé Gaspard, est mort conseiller auditeur des Comptes du Barrois; de même que son fils et son petit-fils successivement; mais de cette famille il ne reste aujourd'hui que deux filles de nom et d'armes, sorties de Gaspard de Lescamoussier 2e du nom, conseiller d'État du feu Léopold et doyen des conseillers de la Chambre des Comptes dudit Bar, savoir :

Marie de Lescamoussier, qui a épousé Henry Gaynot, capitaine réformé au régiment de Louvigny-Infanterie, sans postérité ;

Et Charlotte de Lescamoussier, veuve de François Rodouan de Blécourt, aussi sans postérité.

Les enfants de Jeanne Lepaige et de Charles-Pierre Longeaux, conseiller en ladite Chambre des Comptes en viennent aussi par le mariage de défunte Louise de Lescamoussier, fille aînée du susdit Gaspard, avec Jean Lepaige, conseiller en ladite Chambre.

Les autres descendants de cette branche par les femmes sont :

La famille de Jolly Desaulnoy par le mariage de Louis Jolly, docteur en médecine, avec Hélène Lescamoussier;

Et celle de Desclimie, par celui de Jean Desclimie avec Marguerite de Lescamoussier, sœur de ladite Hélène.

LESCAMOUSSIER-PAGEOT — Famille éteinte dans le Barrois.

Porte les mêmes armes
que celles décrites en l'article précédent.

Et anciennement

Portait : D'azur au chevron d'or, accompagné de deux molettes
d'éperon de même en chef.

Cette famille vient de la même tige que celle de Lescamoussier-Guyot, et l'origine de sa noblesse des Lettres de reprise maternelles obtenues en l'année 1527, par Jean Lescamoussier, seigneur de Sorbey, du côté de Didotte Pageot, sa mère, de condition noble, qui avait épousé Étienne Lescamoussier, frère germain de Jean, dont il est fait mention en l'article précédent; de son mariage avec Pierrequine de Lhotel, d'extraction noble, il eut plusieurs enfants de l'un et de l'autre sexe, dont une fille nommée Marie, qui épousa Claude Léger, docteur en médecine, lesquels eurent un fils nommé Louis, prévôt de Dun, et (qui) reprit la noblesse de ladite Marie Lescamoussier, sa mère, et une autre nommée Alix, qui fut mariée à Jean Vincent, mort baron d'Autry, seigneur de Génicourt, Doncourt, etc... et président en la Chambre des Comptes, duquel mariage sont sortis par les femmes :

Les comtes Dessales de Voulton, de Nettancourt-Bettancourt, et marquis Descot, comme on verra en l'article de Vincent ci-après.

Quant aux enfants mâles du susdit Jean Lescamoussier et de ladite Pierrequine de Lhotel, ils ont laissé postérité dans le Clermontois.

Les autres familles qui en descendent par les femmes sont :

Celles de Longeaux-Lepaige, par le mariage de Marie Léger, fille du susdit Louis avec Jacque Lescamoussier, 2° du nom, de l'autre branche ci-devant;

Celles de Fleury, de Billault-Laurent, Desvoulton, de Bar et Le Mosleur, par le mariage d'Anne Léger, fille du susdit Claude, avec Antoine Fleury, et encore celle de de Bar, par Barbe Léger, femme de Louis Rosières, et interposition du mariage de Louise Rosières, leur fille, avec Robert de Bar.

Il y a encore en la ville de Bar, d'autres familles qui descendent par les femmes de Jacquemin Lescamoussier, frère du susdit Jean et Etienne, et, entre autres, celles qui viennent de Jean de Mussey et de Jeanne Bertel, par le mariage de Lucie Lescamoussier, avec Nicolas Bertel, père de ladite Jeanne (Voy. les art. des de Mussey, de Bar, et de Bertel).

LESCARNELOT — Famille éteinte.

Portait : d'azur à trois croix fleuronnées d'or, au pied fiché
en chef, à une étoile de 6 rais d'or en pointe.

L'origine de la noblesse de cette famille venait des Lettres
d'anoblissement obtenues en l'année 1507, par Toussaint Lescarnelot, avocat ez-siège de Bar, et depuis conseiller auditeur
en la Chambre des Comptes dudit Bar, dont un fils nommé
Claude est mort seigneur de Noyer et Raincourt, lequel eut de
son mariage avec Marie Xaubourel, d'extraction noble, plusieurs enfants de l'un et de l'autre sexe, de même que Nicolas
Lescarnelot, son frère, seigneur desdits lieux, qui laissa pareillement plusieurs enfants de son mariage avec Claude Collesson,
fille du receveur général Vanault-Collesson, et, entre autres,
un fils nommé George, qui épousa Barbe Maillet, de condition
noble, dont il eut Alexandre et Philippe, lesquels, selon toute
apparence, furent les derniers descendants mâles de cette famille.

L'auteur de ce recueil, ne connaît point d'autres familles
qui soient sorties de celle de Lescarnelot par les femmes qu'une
branche de celle de Pouppart, par le mariage de Madeleine
Lescarnelot, sœur du susdit George avec François Poupart.

LESCHICAULT — Famille éteinte.

Portait : d'azur à une étoile d'or, mise en cœur, au chef d'argent
chargé de trois merlettes de sable.

Cette famille était originaire de Troyes en Champagne, dont
la noblesse fut reconnue en l'année 1554, ainsi qu'il est dit
dans les Lettres patentes obtenues en ladite année par Thiébault,
Jean, Gérard, Robert, Nicolas et Bonne Leschicault, enfants de
Jean Leschicault dit de Burey de condition noble, de même
que son père et son ayeul.

Le susdit Nicolas fut marié à Jeanne Thieryon, dont il eut
entre autres enfants, un fils nommé Balthazard, qui laissa postérité de son mariage avec Jeanne de Léglise, d'extraction
noble, savoir :

Philippe Leschicault qui épousa Anne Laurent de Briel, aussi de condition noble, et Jean qui épousa Madeleine Camus, mais desquels mariages il ne reste aujourd'hui aucun descendant mâle, le dernier, nommé Gabriel, étant mort depuis quelques années, chanoine en l'église collégiale de Saint-Maxe.

Les familles qui viennent de celle ci-dessus par les femmes sont :

Celle de Billault-Leschicault, ci-devant Barbillat, par le mariage d'Anne Leschicault, fille du susdit Philippe avec Nicolas Barbillat, avocat ez-sièges de Bar, dont le fils, nommé Philippe, avait même travaillé à reprendre la noblesse et le nom dans les règles; mais la mort l'ayant enlevé auparavant l'obtention d'une sentence du bailliage dudit Bar à cet effet, ses enfants issus de son mariage avec Anne de Billault de condition noble, reprirent la noblesse de ladite Anne, leur mère, avec le nom de Billault-Leschicault.

Celles de Serre et Vyart-Serre, par Jeanne Leschicault, femme de César Serre, avocat ez siège et procureur de S. A. en la gruerie dudit Bar.

Et celle de Rogier, médecin, par Madeleine Leschicault, femme de Jean Rogier, les dites Jeanne et Madeleine, filles du susdit Jean Leschicault et de Madeleine Camus.

LESCUYER — Eteinte en Barrois.

*Porte : d'azur à trois chevrons d'or, accompagnés
de deux croissants montants de même, en chef.*

Cette famille établie en la ville de Bar, dès le commencement du xvi° siècle, tenait sa noblesse de Jean Lescuyer, originaire du pays Messin, anobli en l'année 1525, qui eut de son mariage avec Marguerite Liétard, de condition noble, un fils unique nommé Roch Lescuyer, marié à Barbe Paviette, aussi de noble famille; de ce mariage naquirent plusieurs enfants de l'un et de l'autre sexe, dont l'un nommé Charles est mort prévôt de Lachaussée-en-Woëvre; un autre nommé Alexandre, prévôt de Fresne; Françoise Lescuyer qui fut mariée à N... Decombles lieutenant du bailli de Vitry ; Marguerite qui épousa Joachim Baudoin, receveur et gruyer de Pont-à-Mousson ; et Lucie Lescuyer, femme de Jacque Bouvet, auditeur des comptes et gruyer de Bar, dont il ne reste aujourd'hui de postérité en ladite ville de Bar que par les femmes (Voy. l'article de Bouvet).

Nota. — Ledit Roch avait épousé en premières noces Claudon Gougeat de Fremont, de condition noble, sans postérité.

LESPRON — Famille éteinte.

Portait : d'azur au chevron d'or, accompagné de trois molettes d'éperon, de même, 2 en chef et 1 en pointe.

Cette famille originaire de Champagne et établie en la ville de Bar dès les premières années du xviii⁰ siècle, tient sa noblesse des Lettres d'anoblissement accordées, en l'année 1710, par le roi catholique, à Jean-Baptiste de Lespron, directeur du bureau des postes aux lettres établi en ladite ville, lequel a laissé postérité de son mariage avec Catherine Dessaumont, de condition noble, savoir :

Jean-Baptiste de Lespron, directeur actuel dudit Bureau, qui a pareillement postérité de son mariage avec Madeleine Vyart ;

. Et Charles de Lespron de la Falize, non encore marié.

LIÉTARD — Famille éteinte.

Portait : d'azur à la fasce d'or, accompagnée de deux roses d'argent en chef, et d'une étoile d'or en pointe.

L'origine de la noblesse de cette famille n'est pas connue de l'auteur de ce recueil, il sait seulement que, dès la fin du xv⁰ siècle, Christophe Liétard, receveur général du Barrois, demeurant en ladite ville de Bar, était réputé noble et reconnu tel en tous actes authentiques ; que de son mariage avec Perrette Guyot, d'extraction noble, il eut plusieurs enfants de l'un et de l'autre sexe, dont l'aîné, nommé Nicolas, est mort doyen de Saint-Pierre et official de Bar en l'année 1543 ;

Un autre, nommé Guillaume, est décédé dans le village de

Fains, sans postérité ; et un troisième, nommé Gérard, fut marié à Pareid-en-Woëvre, duquel il ne reste pareillement aucun descendant mâle.

Quant à ses filles, l'aînée, nommée Marguerite, fut mariée à Jean Lescuyer, demeurant à Gorze, pays messin, dont elle eut postérité ; et une autre nommée Catherine, épousa un nommé George Minel, dont elle eut Jeanne Minel, mariée à Nicolas Beaudoux, dont une fille, nommée Nicole, fut mariée en premières noces à Jean Raulot, demeurant à Bar, et en deuxièmes noces à Michel Henrion, maire de ladite ville.

Les familles de Demarne et de Lescale-Gaynot, en descendent par les mariages de Christine et Françoise Henrion, filles dudit Michel avec Daniel Colin Demarne et René Gaynot.

LOMBART

Porte : de sinople à une arbalète d'or, le cordage de sable posé en pal.

La noblesse de cette famille vient des Lettres d'anoblissement obtenues en l'année 1524 par Mangin Le Lombart, historiographe de Lorraine, dont l'un des descendants, nommé Christophe Lombart, vint s'établir au village de Combles, près de Bar, en suite de l'acquisition par lui faite du fief dudit lieu, où il est mort en 1714, laissant de son mariage avec Henriette Drouet, présentement veuve, un fils nommé Adrian, tué au siège de Kehl, en 1733, ingénieur et chevalier de Saint-Louis, pour le service du roi. Il a laissé trois fils et une fille nommée Françoise, non mariée, demeurant audit Combles.

LONGEAUX

Porte : de gueules, au cor de chasse d'argent accompagné de deux trèfles de sable en chef.

La noblesse de cette famille vient des Lettres d'anoblissement obtenues en l'année 1698, le 26 octobre, par Charles Sébastien Longeaux, demeurant à Bar, ancien capitaine d'infanterie, pour

le service du roi, dans le régiment de Lorraine, dont le bisayeul
nommé Christophe avait pour mère Catherine Maucervel, d'extraction noble, de laquelle néanmoins il ne put reprendre la noblesse, aux termes de la coutume de Bar, étant décédé avant
son père.

Le dit Charles Sébastien a épousé Barbe de Billault, de condition noble, fille de Sébastien de Billault, seigneur de Saudrupt
et du fief de Préville, cellerier des domaines dudit Bar, et de
Françoise Jobart, duquel mariage, sont issus, savoir :

Charles Pierre Longeaux, conseiller maître et auditeur en la
Chambre des Comptes de Bar, qui eut de son mariage avec
Jeanne Lepaige, entre autres enfants, un fils nommé Jean-Char-
les, marié depuis peu à Marie Lepaige, sa cousine ;

Un autre fils nommé Sébastien, lieutenant d'infanterie au régiment de Royal-Lorraine, etc.

Sébastien Longeaux, son frère, capitaine d'infanterie au régiment Royal-Lorraine, qui a pareillement postérité de son mariage avec Marguerite Brichard, et, entre autres enfants, un fils
nommé Charles-Sébastien, lieutenant audit régiment.

Les familles nobles qui descendent par les femmes du susdit
Christophe Longeaux et de ladite Maucervel, sont :

Celles de Heyblot, Regnault, Colin-Demarne, et Drouyn,
par Françoise Longeaux, femme de Jean Heyblot, contrôleur
des eaux et forêts ; Anne Longeaux ; femme de François Regnault, receveur de l'hôtel de ville de Bar ; Jeanne Longeaux,
femme de Daniel Colin-Demarne, lieutenant particulier au bail
liage dudit Bar, filles de Thiéry Longeaux, capitaine de la neuve
ville de Bar, et sœurs du susdit Charles-Sébastien ; et par
Jeanne Longeaux, qui avait épousé Nicolas Drouyn, avocat et
syndic de ladite ville, leur cousine germaine. Ledit Thierry Longeaux avait épousé en premières noces Agnès de Blayves ; en
deuxièmes noces, Jeanne de Mussey ; et, en troisièmes noces,
Nicole Poyart, morte gouvernante de Thionvillle, mère dudit
Charles Sébastien.

LONGEVILLE (DE)

*Porte : d'azur à une chaîne d'or mise en sautoir, au canton se-
nestre de gueules, chargé de deux fasces abaissées d'argent,
surmontée d'une canette de même.*

L'ancienneté de la noblesse de cette famille, qui est une des
plus distinguées dans le bailliage de Bar, se prouve par un
grand nombre de titres authentiques, aveux et dénombrements
renfermés dans les archives de la Chambre des Comptes dudit
Bar. où il s'en trouve qui datent dès l'année 1332 fournis par
Errard et Jean de Longeville, dénommés fils de feu monseigneur
Thomas de Longeville, chevalier, pour raison de plusieurs terres nobles situées dans l'étendue dudit bailliage; aussi cette noblesse, dans ces siècles reculés, allait de pair avec celle de Stainville, à laquelle elle était alliée par le mariage de Geoffroy de
Longeville, avec Philippette de Stainville, vers le milieu du
xv⁰ siècle.

Il y a des titres qui établissent que Gabriel de Longeville,
chevalier de Saint-Louis, ingénieur en chef de Thionville, était
arrière petit-fils de Nicolas de Longeville, seigneur de Mesnil-
sur-Saulx, lequel était frère germain de Alexandre de Longeville, seigneur de Lisle-en-Rigault. — Cette fraternité n'est
pas bien certaine. Ce qui est vrai, ils étaient très proches parents, et tous deux petits-fils du susdit Geoffroy de Longeville
et de Philippette de Stainville.

Les enfants issus du mariage du susdit Gabriel avec Claude
de Mussey actuellement existants sont :

Jean François de Longeville, ancien maître des Comptes et
prévot dudit Bar, sans prostérité de son mariage avec Françoise
Colliquet ;

Françoise de Longeville, non mariée ;

Et Marie de Longeville, épouse de Pierre..... Olivier, seigneur de Forcelles, etc., dont elle a postérité.

Il y a encore une autre famille de même nom, établie à Sarney et Culey, qui vient de celle ci-dessus par une autre branche
sortie de Claude de Longeville, fils du susdit Nicolas, etc.

Les autres familles qui en descendent par les femmes sont :

Celle de Bouvet, par le mariage de Jacque de Bouvet avec Jeanne de Longeville, fille de Claude de Longeville et Renée Derouyn ;

Celle de Lepaige de Bazincourt, par Antoinette de Longeville, femme de Gille de Montarlot, et interposition d'Antoinette de Montarlot, femme de Varin Gaulme (Voy. l'art. Lepaige-Gaulme) ; ladite Antoinette était sœur du susdit Claude de Longeville.

Celle de Colin de Marne en vient aussi par Marguerite de Longeville, femme de Claude Perieur, avocat à Bar, et petite-fille du ci-devant dit Nicolas de Longeville et d'Alix de Salvanges.

MACQUART

Porte les armes de la Pucelle d'Orléans.

Cette famille tient sa noblesse des Lettres d'anoblissement obtenues en l'année 1723, par Henry et Antoine Macquart, frères, sieurs de Ruerre et d'Armançon, natifs de la ville de Bar, d'où ils ont transféré leur domicile, l'un dans la province de....... et l'autre.....

MALOMONT — Famille éteinte.

Portait : d'azur au lion d'argent, lampassé de gueules,
tenant en sa griffe une palme d'or.

La noblesse de cette famille venait de la reprise maternelle faite en l'année 1607, par François Malomont, lieutenant particulier en la prévôté de Saint-Mihiel, conjointement avec Jean Malomont, son frère, prévôt de Pierrefitte et Mesline Malomont, leur sœur, du côté de Jeanne de Massey, leur mère, d'extraction noble, femme de Jean Malomont, prévôt, gruyer et receveur dudit Morley ; mais il y a apparence que cette famille est éteinte depuis longtemps par défaut de mâles.

Celle de Piat, établie dans la prévôté dudit Morley en descend par le mariage de ladite Mesline Malomont, avec Claude

Piat, contrôleur en la gruerie dudit Morley, dont les enfants ont même repris la noblesse (Voyez l'art. Piat).

MAILLET

Porte : d'azur à un chevron d'or, au chef de gueules chargé de quatre émanches d'or.

Cette famille tient sa noblesse des Lettres d'anoblissement obtenues en l'année 1511, par Jean Maillet dit de Neuville, sommelier en chef d'échansonnerie du duc Antoine, qui eut de son mariage avec Claudon de Neufville, de condition noble, entre autres enfants un fils de même nom, lequel est mort revêtu de l'office de receveur général des domaines du Barrois, laissant de son mariage avec Marie Psaume, sœur de Nicolas, évêque de Verdun, plusieurs enfants de l'un et de l'autre sexe, et, entre autres, un fils aussi nommé Jean, mort conseiller d'État et président de la Chambre du Conseil des Comptes dudit duché, lequel fut marié à Marguerite Demangeot ; de ce mariage il eut Gabriel Maillet, conseiller auditeur et secrétaire de la dite chambre dont les descendants mâles n'existent plus, par le décès de Benoit, mort depuis peu sans postérité, ayant été revêtu de plusieurs emplois distingués, et notamment de celui de consul pour le roi au grand Caire ;

Alexandre Maillet, aussi conseiller en ladite Chambre et receveur général dudit Duché, est le seul qui ait laissé postérité de nom et d'armes, existante aujourd'hui (1771) en la ville de Bar ;

Jean Maillet, mort commandeur de Saint-Antoine ;

Et Marguerite, femme de Jean Preudhomme en premières noces et de Gaspard de Beurges, président de ladite Chambre en deuxièmes noces.

Les descendants de nom et d'armes sont :

Antoine de Maillet, religieux de Saint-Antoine, et Elisabeth, sa sœur, non mariée.

Claude de Maillet, seigneur de Villotte en partie, conseiller maître et auditeur en ladite Chambre des Comptes de Bar, et au bailliage dudit Bar, qui a postérité encore en bas âge de son mariage avec Anne de Vassart.

Charles de Maillet, chanoine en l'insigne église collégiale de Saint-Maxe dudit Bar;

Benoit dit le chevalier de Maillet, capitaine d'infanterie pour le service du roi au régiment de Bouzat, lequel n'est pas encore marié, non plus que Gabrielle de Maillet, sa sœur.

Lesdits Claude, Charles, Benoit et Gabrielle, enfants de défunts Jean de Maillet, seigneur de Villotte en partie, conseiller maître et auditeur en ladite Chambre, et de Catherine de Noirel, d'extraction noble.

Les descendants de cette famille par les femmes sont :

Celle de De Beurges et d'Alençon, par la susdite Marguerite Maillet, femme du susdit Gaspard De Beurges;

Celle de Franquemont, par Jeanne Maillet, femme de Joseph de Franquemont, seigneur en partie de la terre de Pierrefitte;

Celle de Didelot, de Bouvet, de Marien et Colin de Contrisson par Louise Maillet, femme en premières noces de Claude Didelot, cellerier des domaines dudit Bar, et en deuxièmes noces de Georges Clément, aussi cellerier desdits domaines.

MANGEOT — Famille éteinte.

Portait : d'azur au chevron d'or accompagné de deux étoiles de même en chef, et d'un croissant en pointe.

La noblesse de cette famille prenait sa source des Lettres d'anoblissement obtenues en l'année 1578, par Didier de Mangeot, seigneur de Vautrombois, receveur général du comté de Ligny, dont il ne reste plus aujourd'hui de postérité dans la ville de Bar, que par Madeleine et Marguerite de Mangeot ses filles; l'une desquelles fut mariée en premières noces à Antoine Perin, prévôt dudit Ligny, et en deuxièmes noces à Louis Leger, prévôt de Dun; et de ladite Marguerite, mariée à Jean Maillet, président de la Chambre des Comptes dudit Bar.

Les familles qui descendent de ladite Madeleine de Mangeot et dudit Antoine Perin, sont :

Celles de Morison, de Nuisement, de Ligny, Cholet, de Longeaux, de Bar, et Longeaux-Lepaige;

Et de son second mariage :

Celle de Longeaux-Lepaige en vient encore par Marie Leger, femme de Jacque Lescamoussier.

Les familles qui descendent de la susdite Marguerite de Mangeot sont : celles de Maillet, de Beurges, d'Alençon, de Franquemont, Didelot, de Bouvet, de Marien, et Colin de Contrisson.

MANGIN — Famille éteinte.

Portait : d'azur à la fasce d'or, surmontée d'un griffon naissant de même.

Cette famille originaire de Lorraine, tenait sa noblesse des Lettres d'anoblissement obtenues en l'année 1540, par Nicolas et Michel Mangin, frères, demeurant à Nancy, ledit Nicolas mort président de la Chambre des Comptes de Lorraine, de même que Claude, son fils, décédé en la même qualité, sans postérité.

Quant audit Michel, il eut un fils nommé Jean Mangin, amptschafner de Sarrebourg, marié à Anne Klokein, d'extraction noble, duquel mariage sont nés, entre autres enfants, un fils aussi nommé Jean, qui vint transférer son domicile en la ville de Bar, où il épousa en premières noces Marguerite Maillet, de condition noble : il eut de ce mariage Claude, père de Nicolas Mangin, secrétaire d'Etat, qui fut le dernier mâle de cette famille, mort sans postérité ; et en deuxièmes noces, Claudon Cousin, dont il eut Christienne Mangin, femme de Pierre Jobart, contrôleur des eaux et forêts en la gruerie dudit Bar, dont il reste postérité.

Ainsi les seules familles qui viennent de celles ci-dessus par les femmes sont celles de Jobart, par ladite Christienne, et les familles qui en descendent par interposition (Voy. l'art. de Jobart).

MARCHAL — Famille éteinte.

Portait : d'azur à trois étoiles d'argent, 2 en chef et 1 en pointe, à la bordure dentelée de même.

Cette noblesse obtenue en l'année 1700, par Nicolas Marchal, demeurant à Bar fut éteinte à sa mort, n'ayant eu de son ma-

riage avec N... de Bar, de condition noble, qu'une fille unique, nommée Claudette qui fut mariée à Pierre Colliquet, conseiller en la Chambre des Comptes et prévôt dudit Bar. Ledit Nicolas Marchal est décédé seigneur de Rosnes et conseiller d'État de feu le duc Léopold, et en sa Cour souveraine de Nancy.

Les descendants par la susdite Claudette Marchal sont les enfants de son fils Jacques Colliquet, mort depuis quelques années, seigneur dudit Rosnes et de Longchamp, et ancien prévôt dudit Bar.

MARIEN (de)

Porte : d'or en sautoir de gueules,
chargé de cinq roses des champs, 2, 1 et 2.

La noblesse de cette famille, originaire de Lorraine, vient des Lettres d'anoblissement obtenues en l'année 1567, par Jean Marien, prévôt de la Marche et gouverneur des salines de Dieuze.

L'un de ses descendants, nommé George, est mort revêtu d'un office de conseiller auditeur en la Chambre des Comptes de Bar, où son père, nommé Jean Marien, prévôt de Château-Salins, était venu transférer son domicile et contracter mariage avec Marguerite Clément, de condition noble, dont il eut non seulement ledit George qui mourut sans postérité, mais encore un autre fils nommé Jean, qui fut seigneur d'Erize-la-Grande et Clémery et dont il reste aujourd'hui postérité en ladite ville de Bar, de son mariage avec Elisabeth du Bourg, d'extraction noble, de même que Christine Marien, leur sœur, qui fut mariée à Michel de Bouvet, seigneur de Robert-Espagne.

Les descendants de nom et d'armes de cette famille qui restent présentement (1771) en ladite ville de Bar, sont :

Philippe de Marien, ancien conseiller en la Chambre des Comptes dudit Bar, qui a postérité de son mariage avec Thérèse Rodouan de Blécourt, savoir :

Philippe de Marien, avocat ez-sièges dudit Bar, non encore marié ;

Théodore de Marien, son frère, lieutenant au régiment de Royal-Lorraine infanterie, et présentement capitaine audit régiment qui a postérité de l'un et de l'autre sexe de son mariage avec N... Moat, dont un fils nommé N... de Marien, officier dans le régiment..., et N... de Marien, sa sœur, encore en bas âge.

La famille de Bouvet, en est sortie par la susdite Christine de Marien, femme du susdit Michel de Bouvet, de même que celle de Saillet, qui possède en partie ladite seigneurie d'Erize, par le mariage de N... de Saillet, avec N... de Marien.

Les autres descendants de nom et d'armes de cette famille sont sortis en Lorraine.

MARLORAT — Famille éteinte.

Portait : d'azur à une croix potencée d'or.

Cette famille tenait sa noblesse des Lettres d'anoblissement obtenues en l'année 1559 par Martin Le Marlorat, auditeur des Comptes et procureur général du bailliage de Bar, lequel eut de son mariage avec Jeanne de Bar, d'extraction noble, plusieurs enfants des deux sexes, trois desquels sont morts conseillers auditeurs desdits Comptes, savoir :

Claude qui fut aussi revêtu de l'office de procureur général dudit bailliage ;

Gabriel et Pierre Le Marlorat, morts lieutenant général à Gondrecourt, lesquels laissèrent une nombreuse postérité ; mais elle est éteinte aujourd'hui par défaut de mâles.

Les familles existantes en la ville de Bar, qui en sont sorties par les femmes sont :

Celles de Morison et Dubois, par le mariage de Jean Camus, conseiller auditeur desdits Comptes, avec Marie Le Marlorat, fille du susdit Gabriel et d'Élisabeth de Lamorre et par interposition de Marguerite Camus, femme de Gabriel Morison, avocat général audit Bar et d'Élisabeth Camus, femme de Joseph Dubois.

MATHIEU

Porte : d'azur au lion rampant d'or, au chef de gueules chargé d'une étoile d'or.

Cette famille tient sa noblesse des Lettres d'anoblissement obtenues en l'année 1713, par Nicolas Mathieu, natif de Maujouy en la prévôté de Souilly, conseiller maître et auditeur en la Chambre du Conseil et des Comptes du duché de Bar, lequel épousa audit Bar, Alberte Boucher, de condition noble, à présent sa veuve, dont il reste quatre enfants, non encore mariés, savoir : etc.....

MAUCERVEL — Famille éteinte.

Portait : de gueules semé de croix d'or, à trois tours d'argent maçonnées de sable, 2 en chef et 1 en pointe, et à la bande d'argent chargée de 4 mouchetures d'hermine, posées en bandes, brochant sur le tout.

L'ancienneté de la noblesse de cette famille, fut reconnue sous le règne de Louis, cardinal, duc de Bar, dès l'année 1428, en la personne de Théodore Maucervel, lequel était venu quelques années auparavant établir sa résidence en la ville de Bar, où il épousa Madeleine Servais, duquel mariage il ne resta qu'un fils aîné nommé Jean Maucervel qui laissa nombreuse postérité de l'un et de l'autre sexe de son mariage avec Marie Le Mareschal, mais laquelle est éteinte depuis près d'un siècle par défaut d'enfants mâles ; et un autre fils, nommé Nicolas, mort au service du roi de Sicile, René de Lorraine, sans avoir été marié.

Les familles qui viennent de celle ci-dessus par les femmes sont :

Celle de Gérard-Rouillon qui en a repris la noblesse (Voyez l'article de Gérard Maucervel).

Et celle de Beurges de Renesson, par le mariage d'Élisabeth Maucervel avec Luc Parisot, et interposition de celui de Barbe Parisot avec Charles Gérard.

Celles de Morison, du Bois, Serre, Hannel, Rodouan et de Marien, par le mariage de Jacqueline Maucervel, avec Nicolas Camus.

Et celle de Longeaux, par celui de Catherine Maucervel avec Jean Longeaux.

MAYEUR

Porte : d'or à la foi au naturel mise en fasce, au chef d'azur chargé d'une couronne de laurier d'or.

La noblesse de cette famille vient des Lettres d'anoblissement obtenues en l'année 1708, par Louis Mayeur, demeurant à Bar, alors maire de ladite ville, conseiller maître et auditeur en la Chambre des Comptes et lieutenant particulier en la prévôté dudit Bar, et depuis prévôt dudit Bar, lequel fut depuis conseiller d'État de S. A. R. le duc Léopold et dont il reste postérité de son mariage avec Françoise Mayeur, savoir :

Nicolas Mayeur, qui lui a succédé dans ses offices de conseiller en ladite ville, de la Chambre et lieutenant particulier en ladite prévôté, et a plusieurs enfants de son mariage avec Françoise de Mussey, dont aucuns ne sont encore mariés ;

Louis Mayeur, religieux de Saint-Antoine, et N... non mariée, frère et sœur dudit Nicolas.

Il y a encore une sœur de l'anobli nommée Jeanne, mariée à Pierre Gabriel de Fouraire, capitaine d'infanterie au régiment Royal-Lorraine, sans postérité.

La famille de Moat vient aussi de celle ci-dessus par le mariage de Marguerite Mayeur avec Claude Moat, docteur en médecine.

L'anobli était fils de Jean Mayeur, avocat ez siège de Bar et de Jeanne Davion.

MERLIN — Famille éteinte

Portait : d'azur à trois voiles de navire d'or,
2 en chef et 1 en pointe.

La noblesse de cette famille était reconnue ancienne dès les premières années du xvᵉ siècle temps auquel Jean Merlin ou

Janot Merlin vint se marier à Bar avec Jeanne Mairesse, étant alors conseiller secrétaire ordinaire du roi René d'Anjou, et auditeur des Comptes dudit Bar, et ensuite président desdits Comptes. Il eut de son mariage plusieurs enfants, et entre autres, Louis, Nicol et Jeanne Merlin.

Ledit Louis fut aussi président desdits comptes et receveur général des finances de Lorraine et Barrois, mort sans postérité au monastère de Clairvaux, où il fut religieux, dans un âge très avancé, étant veuf de Marguerite Luilier, fille de Philippe Luilier, avocat général au Parlement de Paris, et nièce de Jean Luilier, évêque de Meaux.

Le dit Nicol son frère lui succéda audit office de président desdits Comptes, et fut père de Pierre Merlin, conseiller auditeur en ladite Chambre des Comptes, qui laissa plusieurs enfants de son mariage avec Jeanne Deferoue de Fontenay, et, entre autres, un fils nommé Jean, mort président en ladite chambre, et dont il ne reste de postérité que par les femmes.

La dite Jeanne Merlin, sœur des précédents et fille de l'anobli fut mariée à Thierry de Lamothe, conseiller auditeur en ladite Chambre et lieutenant général au bailliage de Bar, dont il reste postérité par les femmes seulement.

Les familles qui viennent de celle de Merlin, sont :

Celle de Le Bègue de Nonsart, par le mariage de François Danglure, seigneur de Guyonvelle, etc., avec Louise Merlin, fille du susdit président Jean Merlin et de Claude Godet, et par interposition de celui de Jeanne Danglure, leur fille, avec Nicolas Le Bègue.

Celle de Jobart et les familles qui en sont sorties en viennent pareillement, de même que celles de Derouyn et de Lamorre, qui en descendent par les femmes, par le mariage de la susdite Jeanne Merlin avec ledit Thierry de Lamothe, et interposition de Catherine de Lamothe, mariée à Philippe Preudhomme; de Jeanne de Lamothe, femme de Jean de Rosières, et d'Agnès de Lamothe, femme de François d'Avrillot (Voyez les art. Preudhomme, Rosières et d'Avrillot).

MOAT

*Porte : de gueules à la croix d'argent, cantonnée
de deux étoiles de même en chef.*

La noblesse de cette famille vient des Lettres d'anoblissement
accordées en l'année 1735, à Joseph Moat, alors avocat et maire
de Bar, et actuellement conseiller maître et auditeur en la Chambre des Comptes dudit Bar, qui n'eut de son mariage avec Marguerite Chastel qu'une fille unique encore en bas âge.

La famille de Périn vient de celle de Moat par le mariage de
défunt Jacque François Périn, avec Catherine Moat, sœur germaine du père de l'anobli, lequel se nommait Claude Moat, docteur en médecine, et sa mère, Marguerite Mayeur.

MOGNÉVILLE, MOIGNÉVILLE et MONGNÉVILLE
ALIAS DE CHOISY (MARQUIS DE). — Famille éteinte.

Portait : d'azur au sautoir dentelé d'or, accompagné d'un croissant d'argent en chef, et de trois besants de même, 2 en fasce et 1 en pointe.

L'origine de la noblesse de cette famille n'est pas connue de
l'auteur de ce recueil, il sait seulement qu'elle est réputée très
ancienne, originaire de Caen, en Normandie, et qu'elle était très
distinguée dans la robe, vers les premières années du XVIIe
siècle ; il sait encore qu'elle s'est établie dans le bailliage de Bar,
par l'acquisition du marquisat de Mognéville, le 22 nov. 1687
par messire Thomas de Choisi et dame Jeanne Berthe de Clermont, sa femme ; la confirmation de cette vente est du mois
d'août 1689.

M. Thomas de Choisy, marquis de Mognéville, seigneur de
Varney et de Rembercourt, est décédé à Mognéville le 26 févr.
1710, âgé de 78 ans.

[On voit dans l'église (1) de ce village les épitaphes suivantes :

D. O. M.

« Cy gyst Haut et Puissant seigneur Thomas de Choisy, Mar-

---

(1) Les passages entre crochets [] ont été ajoutés par M. Yangin,
au manuscrit original (NOTE DES EDIT.).

« quis de Mongnéville, seigneur de Varney et Rembercourt,
« Lieutenant des armées du Roy, gouverneur de Sarrelouis,
« qui après avoir été successivement Lieutenant aide-major et
« capitaine, fut fait en 1675 Lieutenant de Roy de Limbourg
« et la même année nommé Ingénieur dans les armées du Roy ;
« Brigadier d'infanterie en 1676 ; gouverneur de la cytadelle de
« Cambray en 1677 et commandant de Thionville la même an-
« née ; Gouverneur de Sarrelouis en 1678 ; Maréchal de camp
« en 1689.

« Il commanda l'armée du Roy au siège de Rinsfeld en 1692
« et fut fait lieutenant général en 1704 et mourut le 26 févr.
« 1710, âgé de 78 ans.

« Reposent aussi sous cette tombe le corps d'Alexandre Louis
« Thomas de Choisy, Marquis de Mongnéville, fils unique du
« précédent, décédé le 28 février 1719, âgé de 39 ans.

« De Charlotte Thérèse de Lenoncourt, son épouse décédée
« le 8 janvier 1756, âgée de 72 ans et de Charlotte Thérèse leur
« fille, le 30 octobre 1746, âgée de 35 ans.

« Requiescant in Pace. »

« Ci git
« Messire Charle Jean
« Marquis de Choisy et de Mognéville
« Décédé à Nancy le 21 octobre 1781
« Priez Dieu pour le repos de son âme. »

On voit que Thomas de Choisy, Marquis de Mognéville, etc.
ne laissa qu'un fils unique nommé Alexandre-Louis-Thomas de
Choisy, marquis de Mognéville, décédé le 28 février 1719, âgé
de 39 ans, lequel n'eut de son mariage avec Charlotte-Thérèse
de Lenoncourt de Blainville qu'un fils et une fille, savoir :

Charles-Jean, marquis de Choisy et de Mognéville, veuf sans
enfants, en 1749, d'Hélène-Adélaïde de Chatenet de Puységur,
remarié, en août 1751, avec Marguerite Jeanne d'Ourches, fille
du feu C. d'Ourches, lieutenant général des armées du roi, décédé à Nancy le 21 octobre 1781, n'ayant eu de son second
mariage que deux filles mariées au dehors de la Lorraine.

Charlotte Thérèse de Choisy, décédée le 30 octobre 1746, âgée
de 35 ans sans postérité.]

MONTARLOT — Famille éteinte.

*Portait : d'argent à trois fasces de gueules surmontées
d'un croissant d'azur.*

Cette famille originaire de la province de Champagne était
reconnue noble en tous actes authentiques dès le milieu du
XVIe siècle, temps auquel Gilles de Montarlot, vint transférer
son domicile dans le bailliage de Bar, avec Antoinette de Longeville, d'extraction noble, dont il eut, entre autres enfants, un
fils nommé Claude, capitaine de la Tour de Revigny qui épousa
Claude de Rodouan, aussi de condition noble ; mais cette famille
est éteinte par défaut de mâles, depuis le décès d'Alexandre de
Montarlot, fils dudit Claude, qui ne laissa de son mariage avec
Anne Colliquet, qu'une fille qui fut mariée, et dont il reste postérité.

Les familles qui viennent de celle de Montarlot par les femmes
sont :

Celle de Longeville par le mariage de Christine de Montarlot,
fille dudit Alexandre, avec Jean de Longeville, demeurant à
Revigny ; et celle de Lepaige-Hurbal par Antoinette de Montarlot femme de Varin Gaulme et interposition de Claudette
Gaulme, femme d'Alexandre Lepaige.

MOREL — Famille éteinte à Bar et dans son district.

*Portait : d'or à la tête de more au naturel taillée d'argent, en
chef, et en pointe un cor de chasse d'azur, lié de gueules.*

Cette famille tenait sa noblesse des Lettres d'anoblissement
obtenues en l'année 1619, par Jean Morel, secrétaire ordinaire
de S. A. le duc Henri, dont un fils nommé Jacque Morel, chevalier de l'ordre de la Trinité, épousa en la ville de Bar, Madeleine Morison, de condition noble, duquel mariage il eut entre
autres enfants, Antoine Morel, mort conseiller auditeur en la
Chambre des comptes, prévôt chef de police et maire perpétuel
dudit Bar, qu'il exerça avec distinction et particulièrement avec
fermeté pour le regard de la police et du bon ordre. Il eut un

et dans ce même volume: page 305
F. Fourier de Bacourt : la c'henns

fils de son mariage avec Marguerite Morel, pareillement nommé Antoine qui succéda audit office de prévôt de Bar, qu'il n'exerça que pendant peu d'années étant mort revêtu de l'office de conseiller au Parlement de Metz, laissant postérité.

Un de ses fils est actuellement président au présidial de Châlons. Il ne reste plus de descendants de cette famille en la ville de Bar ni dans son district.

MORISON — Famille éteinte.

Portait : d'argent billeté de gueules, au lion rampant de sable, chargé d'une croisette d'or sur l'épaule senestre, à la bordure dentelée de gueules.

La noblesse de cette famille prenait sa source des Lettres de reprise maternelle obtenues en l'année 1632, par Claude Morison, demeurant à Bar du côté de Mesline Hurault, sa mère, d'extraction noble, qui avait épousé Antoine Morison, père dudit Claude et de Jean Morison, son frère, prévôt de Pierrefitte, lequel avait fait pareille reprise, dès l'an 1566, du côté de ladite Mesline Hurault, mais dont il ne reste point de postérité.

Quant audit Claude Morison, il eut de son mariage avec Jeanne Portier, entre autres enfants, un fils nommé Antoine qui fut marié à Diane Louise Périn, de condition noble, duquel mariage sont issus plusieurs enfants des deux sexes, dont un, nommé Claude, fut doyen de la primatiale de Nancy, et deux autres chanoines à Saint-Dié et à Saint-Pierre de Bar; Antoine, Louise et Gabrielle, leurs frères et sœurs, s'étant mariés, il en reste aujourd'hui postérité.

Les descendants de cette famille de nom et d'armes sont :

Gabriel Morison, demeurant à Bar, sans postérité de son mariage;

Marguerite Morison, non mariée;

Et Madeleine Morison, femme de N... Florentin, demeurant à Ligny, pareillement sans postérité.

Lesdits Gabriel, Marguerite et Madeleine, frère et sœurs, enfants du susdit Gabriel Morison et de Marguerite Camus.

et dans ce même volume: page 320:
Fourier de Bacourt : L'Hôtel Prud'homme

Les familles qui en viennent par les femmes sont :

Celles de Spon et de Bar, par le mariage de Jean-Henry Spon, bailli de la noblesse d'Alsace, avec Marguerite Morison, fille du susdit Antoine et de Marguerite Deshesteaux de Nuisement, dont un fils nommé le baron de Spon, actuellement ministre plénipotentiaire auprès du roi de Prusse, et dont une fille nommée Henriette est mariée avec Pierre François de Bar.

Celle de Lescale-Gaynot, par Eve Morison, sœur de ladite Marguerite, mariée avec François Gaynot.

Et celles de Nuisement de Ligny et de Longeaux-Lepaige par le mariage de Louise Morison, ci-devant dite, avec Jacque Deshesteaux de Nuisement, receveur général du comté de Ligny et interposition d'Henriette de Nuisement, femme de Gaspard de Lescamoussier.

La famille de Morel, en vient aussi (Voy. l'art. précédent).

MOSLEUR (LE)

Porte : d'azur au chevron d'or, accompagné en chef de deux molettes d'éperon de même, et d'une épée à lame d'argent dressée en pal, la poignée d'or cachée en partie d'un livre ouvert, en pointe.

Cette famille, originaire du Clermontois, tient sa noblesse des Lettres d'anoblissement obtenues en l'année 1598 par François le Mosleur, gruyer et receveur des Montignons dont le petit-fils Jean-Elisée Le Mosleur, gruyer de Clermont, vint établir sa résidence en la ville de Bar, où il épousa Claude Oryot, de condition noble, et où il est mort conseiller auditeur en la Chambre des Comptes dudit Bar, auquel succéda son fils, nommé François, qui eut de son mariage avec Sébastienne Baudoux, aussi de condition noble, Eugène-Ferdinand-Gaston Le Mosleur, décédé depuis quelques années conseiller assesseur au bailliage dudit Bar, laissant postérité de son mariage avec Anne Desvoulton, à présent sa veuve, savoir :

Ferdinand Le Mosleur, conseiller audit Bailliage, non encore marié.

Jeanne et François Le Mosleur, non encore mariés.

Les autres descendants de nom et d'armes de cette famille sont présentement établis dans le Clermontois.

Les familles qui en viennent par les femmes sont celles de Notta, établie à Saint-Mihiel par François Le Mosleur, femme de Jean Notta et celle de Colliquet de la Ville Haute, avec ses descendants par Christine Le Mosleur, sœur du susdit Jean-Élisée, avec François Colliquet, auditeur des Comptes dudit Bar.

MOUROT — Famille éteinte

Portait : de sable à 3 chevrons d'or l'un sur l'autre

La noblesse de cette famille venait des Lettres d'anoblissement obtenues en l'année 1527, par Didier Mourot, seigneur en partie de Ménil-sur-Saulx, demeurant à Longeville, marié avec Marguerite de Longeville, fille de Jean de Longeville, seigneur dudit Ménil-sur-Saulx, Dugny, Montjouy, Ambly et Cousances et de Jeanne Saincignon; duquel mariage il ne reste plus aujourd'hui de descendants mâles, du moins dans la ville de Bar, ni dans son district, le dernier n'ayant laissé qu'une fille nommée Marguerite Mourot de Vautrombois, parvenue à un âge très avancé sans avoir été mariée, et fait sa résidence actuelle à Dammarie.

MOUZIN

Porte : d'argent à la bande d'azur chargée de trois roues d'or, ferrées de gueules.

L'origine de la noblesse de cette famille vient des Lettres d'anoblissement obtenues en l'année 1607 par Pierre Mouzin, conseiller auditeur en la Chambre des Comptes de Bar, mort sans postérité, et Jean Mouzin, son frère, médecin ordinaire de S. A. le duc Charles III, demeurant audit Bar, dont il reste aujourd'hui postérité de son mariage avec Marthe Cabosche, qu'il avait épousée en la ville de Nancy, duquel mariage sont nés entre autres enfants, un fils nommé Jacque qui fut marié à Barbe d'Immersel, d'extraction noble; de ce mariage naquirent : Claude, Anne et Joseph Mouzin.

Il ne reste postérité de nom et d'armes que du susdit Claude savoir :

N..... Mouzin, demeurant à Bar, marié depuis peu.

Et N..... Mouzin, sa sœur, non mariée.

Les descendants de cette famille par les femmes sont :

N..... de Mussey, non mariée, et les enfants de Françoise de Mussey, sa sœur, mariée à Nicolas Mayeur, conseiller en la Chambre des Comptes de Bar, fille de feu Antoine de Mussey, capitaine de cavalerie pour le service du roi, et d'Anne de Mouzin, sœur du susdit Claude.

MOUZIN DE ROMÉCOURT

Porte : palé et contrepalé d'or et de sable.

Cette famille, établie en la ville de Bar vers la fin du xviie siècle, en était originaire dès le siècle précédent et vient d'une même ligé que celle du précédent; celle-ci tenant sa noblesse du côté de Nicole de Villiers, d'extraction noble, demeurant à Gondrecourt, laquelle fut mariée sur la fin du xvie siècle à Nicolas Mouzin, fils de Nicolas Mouzin et de Christine Lescamoussier, demeurant audit Bar, et par ce mariage, ledit Nicolas transféra son domicile audit Gondrecourt où fut né un fils, nommé Claude, marié à N... Simonin, de condition noble, dont il eut François, père d'Alexandre Mouzin de Romécourt, qui vit encore en la dite ville de Bar où il vint établir son domicile par son mariage avec feue Jeanne Hannel, et où il a été revêtu des offices de conseiller en la Chambre des Comptes et lieutenant général en la prévôté dudit Bar, et ensuite de conseiller d'Etat ordinaire du duc Léopold qui, pour récompense de ses services, érigea sa terre d'Issoncourt en baronnie.

Les enfants nés de son mariage avec ladite Jeanne Hannel, sont:

Jean Baptiste Alexandre Mouzin de Romécourt, seigneur de Braux et Méligny, ancien conseiller d'État en ladite Chambre des Comptes, lieutenant particulier actuel du bailliage dudit Bar, qui a postérité de son mariage avec N..... Du Coudray;

Jeanne Thérèse Mouzin de Romécourt, marié à N..... Cholet sieur de Longeaux, capitaine au régiment de Polignac, dont elle a pareillement postérité.

Marie Mouzin de Romécourt qui a épousé depuis peu Joseph de Beurges, ancien capitaine d'infanterie au régiment de Marsan, à présent Bouzols, sans postérité jusqu'à présent.

MOYNE (LE)

Porte : d'azur à la harpe d'or fisselée d'argent.

L'origine de la noblesse de cette famille n'est pas bien connue de l'auteur de ce recueil ; il sait seulement que Charles Lemoyne, ancien chevau-léger, de la garde de feu duc Léopold, fils de défunt Louis Lemoyne, avocat ez-siège de Bar et d'Antoinette Poyart, obtint en l'année 17.. des Lettres patentes au grand sceau, par lesquelles il est exposé que sa famille descend de George Lemoyne, dit le Bouffon, anobli en l'année 1559, demandant en conséquence d'être maintenu en l'état de noblesse, ce qui lui est accordé par le dispositif desdites Lettres ; mais il reste sans postérité et sans espérance d'en avoir de son mariage avec N..... Bertrand-Duplateau.

Ledit Charles Le Moyne a encore une sœur nommée Antoinette, mariée en la ville de Commercy à Alexis Royer, avocat ez-siège dudit Bar, dont elle a postérité, et un frère jésuite, nommé Gabriel.

MUSSEY (DE) DE LOUPPY ET DE JUVIGNY

Porte : d'azur à sept macles ou losanges d'or, 2 en chef, 3 en fasce, et 2 en pointe.

La noblesse de cette famille vient des Lettres d'anoblissement obtenues en l'année 1456, par Clausse de Mussey, clerc-juré en la gruerie de Marville, dont le petit-fils, nommé Dominique, est mort lieutenant général d'Hattonchatel, laissant de son mariage avec Philippe Vuarin, de condition noble, François et Jean de Mussey. Le premier desquels fut successeur audit office, et duquel il y a apparence qu'il ne reste plus de descendants mâles. — Quant audit Jean, il vint transférer son domicile à Louppy-le-Château, où il est mort revêtu de l'office de capitaine, gruyer et receveur dudit Louppy; laissant de son mariage avec Jeanne Michel, d'extraction noble, entre autres enfants, deux fils : l'un desquels, nommé Jean, est mort colonel dans les troupes de Lorraine, et de lui vient la branche de De Mussey de Neufchateau et de Louppy; et l'autre, nommé François, fut lieutenant colonel du régiment de son frère, et est la tige de la branche de De Mussey, établie à Juvigny. Ledit Jean avait épousé Anne de Royers, et ledit François, Marguerite de Villiers.

Les descendants de nom et d'armes de ces deux branches ne sont pas tous connus de l'auteur de ce recueil, il connaît seulement :

Dominique de Mussey, chevalier de Saint-Louis, capitaine de cavalerie, demeurant présentement à Bar, sans postérité, Joseph de Mussey, grand gruyer au département dudit Bar, neveu dudit Dominique, non encore marié; il est fils de feu Joseph de Mussey, aussi grand gruyer audit département, et d'Henriette Vyart;

Claude de Mussey, pareillement non marié, ainsi que Marie sa sœur, demeurant à Louppy, enfants de défunt Nicolas, sieur de Mussey, prévôt d'Ancerville, et de Barbe Rolin;

N... de Mussey, demeurant à Tannois, et N... son fils, Anne de Mussey, demeurant à Bar, non mariée.

Les enfants de Nicolas Mayeur, maître des Comptes, en viennent par Françoise de Mussey, leur mère, sœur de ladite Anne, sorties de défunt Antoine de Mussey, capitaine de cavalerie et de Françoise Mouzin.

MUSSEY (DE) DE BAR — Famille éteinte.

Portait d'azur à la fasce d'or chargée à dextre d'un croissant montant de sable, accompagné de 4 quinte-feuilles d'or, 3 en chef et 1 en pointe.

Cette famille tenait sa noblesse des Lettres de reprise mater-

nelle, et sentence du bailliage de Bar, obtenues aux termes de l'article 71 de la coutume, en l'année 1578, par Jean et François de Mussey, frères, du côté de Sébastienne Bazin, leur mère, de condition noble, qui avait épousé Jean de Mussey, maire dudit Bar, lesquels Jean et François formèrent deux branches présentement éteintes par défaut de mâles.

Le dernier de la branche dudit Jean étant mort sans postérité en 1681 de son mariage avec Marie Longeaux : de même que le dernier descendant de celle dudit François, décédé en 1722, n'ayant laissé que deux filles de son mariage avec Claudette Dordelu.

L'aînée desquelles, nommée Claudette de Mussey, vient de mourir audit Bar, étant restée veuve de Gabriel de Longeville, ingénieur en chef de Thionville, dont il y a postérité ;

Et la cadette, nommée Marie-Anne, décédée à Morlaincourt n'a laissé qu'un fils de son mariage avec Louis Rodouan de Montrouge.

Les familles qui descendent de la branche dudit Jean par les femmes, sont :

Celles de Lescale de Louppy et de Fisson-Dumontet, par les mariages de Claude de Lescale avec Anne de Mussey, et d'Étienne de Fisson avec Jeanne de Mussey, sa sœur, arrière petites-filles du susdit Jean de Mussey et de noble femme Jeanne Bertel ;

Celle de Demarne du Bourg par le mariage de Marie Mussey, tante des susdites Anne et Jeanne, avec Jean Longchamp, docteur en médecine, et interposition de Marie Longchamp, leur fille, femme de Bernard de Marne.

Celles de Billault du Bourg, de Billault-Leschicault, de Longeaux, de Farémont et de Billault-Broulier, par le mariage de Sébastienne de Mussey, fille du susdit Jean et de ladite Bertel avec Sébastien de Billault, célérier des domaines, et interposition des mariages d'Anne de Billaut avec Philippe Barbillat-Leschicault ; de Barbe, sa sœur, avec Charles-Sébastien Longeaux et de Marguerite de Billault avec Guillaume Bugnot de Farémont, d'Antoinette de Billault avec Richard de Blayves et de celui de Françoise de Blayves avec Gaspard Gillot, et interposition de Louise Gillot, femme de Simon Brouillier, avocat; et les deux branches de celle de Colliquet, par Claude de Mussey, sœur de la susdite Sébastienne, femme en premières noces de François de Billault, et, en deuxièmes noces, de François Colliquet.

Les familles qui viennent par les femmes de la branche du susdit François de Mussey, autres que celles de Longeville et Rodouan, sont :

Celles d'Alliot et de Lamorre Alliot, par Bonne de Mussey, petite fille dudit François et de noble femme Jeanne Gilles qui fut mariée à Pierre Alliot, docteur en médecine, et dont le fils a repris la noblesse;

Celle de Heyblot, par le mariage de Jeanne de Mussey, sœur de ladite Bonne avec Thierry Longeaux, et interposition de Françoise Longeaux femme de Jean Heyblot:

Celle de Lafaulche par le mariage de Jean Lafaulche avec Marie de Mussey, sœur desdites Bonne et Jeanne, et dont le petit-fils a repris la noblesse:

Enfin celles de Lescale de Villotte, Vyart de Tronville, et de Rizaucourt-Lescale, par le mariage d'Antoine de Lescale avec Jeanne de Mussey, fille d'Antoine de Mussey et d'Elisabeth Le Mosleur, et arrière petite-fille du susdit François et par interposition de Catherine de Lescale, femme de François Vyart, et de Thérèse de Lescale, femme de François de Rizaucourt.

Il y a encore celles de Billault, du Bourg et Deschamps, qui en descendent par le mariage de François Deschamps, avocat, avec Claude de Mussey, sœur des susdits Antoine, Bonne, Jeanne et Marie.

NAIVES (DE) — Famille éteinte.

Portait : d'azur à six billettes d'or, couchées en fasce, 2, 2 et 2.

Cette famille qui n'existe plus depuis longtemps en la ville de Bar ni dans son district, tenait sa noblesse des Lettres d'anoblissement obtenues en l'année 1425 par Etienne de Naives, conseiller, secrétaire ordinaire du roi de Sicile, René d'Anjou, et auditeur en la chambre du conseil et des comptes du duché de Bar, qui eut de son mariage avec Agnès ....., de condition noble, un fils et une fille qui fut mariée à Florentin de Nancy.

Cette famille est aujourd'hui éteinte, bien qu'il y ait eu plusieurs enfants mâles sortis dudit Jean.

L'auteur de ce recueil ne connaît d'autres familles existantes en ladite ville de Bar qui en soient sorties par les femmes, que celles de Derouyn et ses descendants à cause de Louise des Errard, femme d'Alexandre Derouyn, laquelle venait de celle de De Naives par sa bisaïeule.

NETTANCOURT (DE) [1].

Porte : de gueules au chevron d'or.

L'origine de la noblesse de cette famille n'est pas connue dans le bailliage de Bar; on sait qu'en l'année 1204, Isambart de Nettancourt figure comme arbitre choisi par Geoffroy, seigneur de Louppy, dans un différend entre ce seigneur et l'abbé de Lisle.

Que Gilles, seigneur de Nettancourt, village qui a donné son nom à cette illustre famille, distant de 5 lieues N. O. de Bar, qui dépendait autrefois de la province de Champagne, possédait une portion de la seigneurie de Sommeilles, qu'il rendit en 1242, du consentement de Claude, sa femme.

Que son frère Jacques, dit l'Hermite, se croisa en terre sainte, en 1256, à la tête de 500 cavaliers.

La seigneurie de *Vaubecourt*, en Champagne, fut portée en mariage vers 1400 par Aliénor d'Apremont, qui en était héritière du chef de sa mère Hélène de Vaubecourt, femme de Thomas d'Apremont, et fille de Jean de Vaubecourt, à George Ier, de Nettancourt, déjà seigneur de Neuville-sur-Orne, souche de la famille Nettancourt-Vaubecourt.

George Ier, de Nettancourt, créé capitaine et bailly en 1425, et gouverneur de Bar en 1426, par le duc de Lorraine René Ier, avait pour bisayeul Gilles, seigneur de Nettancourt, vivant en 1242, et père de Jean Ier, seigneur de Nettancourt, traitant en

(1) Cet article a été complété par des notes de M. Bellot-Herment et de M. Mangin, de Fains, que nous avons cru devoir conserver entre crochets, p. 133 à 138 (NOTE DES ÉDIT.).

1321, avec Édouard, comte de Bar, de ses seigneuries de Tannois et de Longeville, et ayeul de Jean II, vivant en 1376, marié à Marie de Boncourt, mère de George Ier de Nettancourt, qui eut de son mariage avec Aliénor d'Apremont :

Jean III, seigneur de Nettancourt et Vaubecourt, qui épousa en 1437, Marguerite, dame de Niccy, de Vaubecourt et de Salemagne ; de ce mariage est né :

Nicolas Ier qui épousa Anne d'Espence, dame de Bettancourt, de ce mariage est né :

George II du nom qui épousa, le 26 avril 1539, Anne de Haussonville ; de ce mariage naquit :

Jean IV, du nom, baron de Vaubecourt, seigneur de Passavant, Autrécourt, etc., marié le 25 novembre 1573, à Ursule de Haussonville, sa cousine ; de ce mariage naquit :

Jean V, conseiller d'État, maréchal de camp, lieutenant général au gouvernement de Verdun, gouverneur de Châlons en Champagne, chevalier des ordres du roi en 1632, en faveur duquel la baronie de Vaubecourt fut érigée en comté, par Lettres datées du château de Vaubecourt, où Louis XIII était logé le 13 avril 1635. Jean V mourut le 4 oct. 1642, laissant de Catherine de Savigny, qu'il avait épousée en 1599 :

Nicolas II du nom, chevalier, seigneur d'Ornes et de Choiseul, substitué en 1605 aux noms et armes de Haussonville, par son grand oncle maternel, Jean, baron de Haussonville, maréchal de camp et gouverneur de Verdun. Il rendit, le 19 mars 1664, foi et hommage au duc de Lorraine comme duc de Bar, pour la seigneurie de Vaubecourt, et décéda le 11 mars 1678, âgé de 76 ans. Il eut de sa seconde femme, Claire Guillaume de Saint-Eulien :

Louis Claude de Nettancourt de Haussonville comte de Vaubecourt, lieutenant général des armées du roi et au gouvernement des villes et évêchés de Metz et de Verdun, gouverneur et Vidame de Châlons, tué dans le Milanais le 17 mars 1705. Il avait épousé le 26 février 1692, Claude Madeleine de Marle, de laquelle il n'eut point d'enfants.

Il eut pour héritiers son frère François-Joseph de Nettancourt de Haussonville, évêque de Montauban, mort en 173.....

Le 17 octobre 1725, il avait cédé par donation entre-vifs à son cousin Charles François de Nettancourt de Haussonville, dit le marquis de Vaubecourt, fils de François-Charles-Hyacinthe de Nettancourt, la moitié de la seigneurie de Vaubecourt qui lui appartenait. Cette donation fut confirmée par le duc de Lorraine et de Bar, le 13 avril 1726. Il mourut sans laisser d'enfants d'avec J. Henriette de Chastegnet de Puységur sa femme; le comté de Vaubecourt a passé à son frère aîné en vertu de la substitution.

Cette maison était partagée en plusieurs branches, dit D. Calmet :

> Nettancourt de Vaubecourt;
> Nettancourt d'Haussonville;
> Nettancourt de Bettancourt;
> et Nettancourt de Passavant,

toutes alliées aux familles les plus marquantes.

Les descendants qui existent aujourd'hui 1771, dans le bailliage de Bar, sont :

Charlotte Françoise de Nettancourt-Bettancourt, douairière de défunt Nicolas François, marquis de Nettancourt, seigneur de Neuville-sur-Orne, etc., colonel d'infanterie dans les troupes du roi Louis XIV, dont elle eut Charles-François-Hyacinthe, marquis de Nettancourt, seigneur dudit Neuville, etc., mort en 1761, laissant postérité de son mariage avec N...

[Nettancourt de Neuville-sur-Orne. La maison de Neuville-sur-Orne, a possédé de temps immémorial cette terre, jusque vers 1400, qu'elle entra par moitié dans la maison des Armoises, par le mariage d'Alix de Neuville avec Jean des Armoises qui possédait déjà l'autre moitié du chef de son père, Robert des Armoises, auquel le duc de Bar Robert l'avait donnée en 1390.

En 1654, après la mort d'Antoine des Armoises, dernier mâle de cette maison, elle passa dans la famille de Nettancourt par le mariage d'Henriette des Armoises avec François de Nettancourt de la branche de Vaubecourt. Elle y resta jusqu'en 1761, où, par arrangement entre les enfants et héritiers de François-

Charles-Hyacinthe, marquis de Nettancourt, cette terre est passée à M. le comte d'Alençon, son gendre.

On lit dans les registres de l'état civil de Neuville-sur-Orne, l'acte de naissance suivant :

« Le sept septembre 1689, est né François-Charles-Hyacinthe,
« fils de François-Nicolas de Nettancourt, chevalier, seigneur
« de Neuville-sur-Orne, Autrécourt, Wailly (Waly) et capitaine
« de cavalerie, et de Charlotte-Françoise de Nettancourt, de-
« meurant audit Neuville. Il a eu pour parrain François-Gaston
« de Nettancourt, chevalier, seigneur de *Bettancourt*, Vroille
« (Vroil), baron de France, père de ladite dame ; et pour mar-
« raine Henriette Charlotte des Armoises, veuve de François
« de Nettancourt, chevalier, seigneur de *Passavant*, cour, Saint-
« Mandez, Autrécourt, Wailly (Waly), Ville-sur-Cousances,
« Gibecourt, etc., mère dudit sieur père du susdit baptisé. »

Nettancourt d'Autrécourt. — Vers 1380, la seigneurie d'*Autrécourt* entra, dans la maison de Nettancourt, qui la possédait encore au xvii° siècle.

Nettancourt de Waly. — Au commencement du xvi° siècle la seigneurie de *Waly*, appartenait à la famille de Nettancourt qui la possédait encore vers la fin du xvii° siècle.

Le 16 mai 1656, est né à Beauzée Henri Claude de Nettancourt.

Nettancourt de Bettancourt.

Nettancourt de Passavant.

La seigneurie de Fains, est entrée dans la maison de Nettancourt en vertu de la cession en date du 4 août 1747 que l'héritière du marquis de Beauvau a faite au comte Joseph de Nettancourt de Bettancourt en Champagne, de la terre de Fains restreinte à la part qui lui appartenait avec le roi, dans la justice basse et foncière, le château et dépendances, les cens et droits seigneuriaux, le moulin, les bois, la rivière, etc., une partie des terres de la seigneurie, les terres, prés et vignes, etc.

On lit sur les registres de la paroisse de Bar, l'acte de mariage qui suit :

« L'an mil sept cent quarante sept, le dix-septième jour du
« mois de janvier, après les publications d'un ban de mariage
« pour premier et dernier faites dimanche quinzième dudit
« mois au prône de la messe paroissiale de Bar-le-Duc entre
« haut et puissant seigneur messire Joseph de Nettancourt,
« seigneur en partie de Bettancourt, Vroil, Vaux-les-Palameix
« et autres lieux, fils de défunt haut et puissant seigneur mes-
« sire Charles-Ignace comte de Nettancourt et de haute et puis-
« sante dame feue madame Marie des Salles, comtesse de Net-
« tancourt, ses père et mère de la paroisse de Bettancourt,
« diocèse de Châlons en Champagne, d'une part ;

« Et damoiselle Marie-Anne Magot, fille de monsieur Jean-
« Baptiste Magot, escuyer, seigneur de Possesse, Maison-Vi-
« gny, Frécu et autres lieux, secrétaire du cabinet de S. M. le
« roi de Pologne, conseiller du roi, auditeur et maître de la
« chambre du conseil et des comptes du duché de Bar et dame
« Marie-Jeanne Haudos, ses père et mère, paroissienne de Bar-
« le-Duc, d'autre part ; sans que personne s'y soit opposé ni
« ait déclaré aucun empêchement ; semblable publication faite
« dans la dite paroisse de Bettancourt, aussi sans opposition et
« la déclaration d'aucun empêchement comme il conste par le
« certificat du sieur Curé de Bettancourt, mentionné en la dis-
« pense de deux bans accordée pour ladite paroisse de Bettan-
« court par Mgr illustrissime et révérendissime Claude Antoine
« de Choiseul, évêque, comte de Châlons et pair de France, la-
« quelle est en date du 16 janvier 1747 ;

« Vu la dispense aussi de deux bans pour ladite paroisse de
« Bar-le-Duc, accordée par Messire Pierre Hannel, official du
« diocèse de Toul séant à Bar, datée du treize du présent mois ;
« vu enfin le consentement desdits père et mère de la future
« épouse.

« Je soussigné Pierre Gabriel Leschicault, prêtre chanoine
« de l'insigne église collégiale de Saint-Pierre de Bar-le-Duc
« (par commission du sieur Nicolas Henry, curé de ladite ville
« de Bar-le-Duc et chanoine de la même chapelle soussigné et
« pour ce présent en personne), ai reçu leur mutuel consente-
« ment de mariage avec les cérémonies prescrites par la sainte

« Église et leur ai donné la bénédiction nuptiale en pré-
« sence :

« de Monsieur Jean-Baptiste Magot, père de l'épouse;

« de Messire Louis-Charles, marquis de Nettancourt, seigneur
« en partie de Bettancourt, etc.;

« de Messire Gaston-Jean-Baptiste-Charles, marquis de Net-
« tancourt, seigneur de Nettancourt, Fontaine-Denis, comte de
« Noirlieux;

« de Messire Jean-François Decheppe, écuyer, seigneur de
« Grosterme et Marville, avocat général de la Chambre des
« Comptes de Bar.

« et de plusieurs autres, lesquels ont signé en partie avec les
« époux » :

Le C. de Nettancourt.	Puységur de Vaubecourt.
Marie-Anne Magot, épouse de Nettancourt.	Magot-Decheppe.
Magot.	Magot.
Nettancourt de Bettancourt.	Haudos.
de Nettancourt.	de Saint-Génin Haudos.
Decheppe.	C. Decheppe.
Des Salles.	A. Magot.
Nettancourt, Magot, Leschicault.	Magot.
Haudos-Magot.	Leschicault, prêtre.
Vassinhac de Nettancourt.	N. Henri, curé de Bar.

De ce mariage sont nés :

1° Marie-Anne-Louise, née le 13 décembre 1747, mariée le
9 avril 1764 à Messire George, comte d'Hoffelize, seigneur
d'Obersing et Valfraicourt, et ancien chambellan de S. M.
impériale et royale, colonel du régiment des grenadiers royaux
de son nom, veuf de haute et puissante dame Marie-Marguerite
de Loleuvre, résidant à Nancy;

2° Anne-Thérèse, née le 6 février 1749, mariée le 6 novembre 1769 à Messire Louis-Antoine-Joseph Renaud de Boisrenaud, chevalier, comte de Sagoune et baron de Jouy, fils de
feu Messire Henry-Pierre-Jacques Renaud, vivant seigneur de

Boisrenaud, chevalier, ancien capitaine de cavalerie, chevalier de Saint-Louis, seigneur d'Ambourg, Les Vesures, Lepand, etc., et de dame Marie-Rose-Josèphe Cardon, dame de Sauves, de la paroisse de Saint-Jean de Moulins, en Bourbonnais, diocèse d'Autun ;

3° Gaston Balthazard, né le 14 mars 1750, mort le 14 septembre suivant, âgé d'environ 6 mois ;

4° Joseph-Claude-Charles, né le 7 mai 1751, abbé, comte de Nettancourt-Vaubecourt, ci-devant abbé commendataire de l'abbaye royale de Saint-Pierre-au-Mont de Châlons-sur-Marne, et vicaire général du diocèse de cette ville, qui est décédé à Bar-le-Duc, en son domicile, rue de la Rochelle, le 26 février 1819, âgé de 67 ans et 9 mois, membre du conseil municipal de cette ville ;

5° Jean-Baptiste-Claude-Achille, né le 7 novembre 1752, marquis de Nettancourt, grand bailly d'épée au bailliage d'Étain, capitaine de dragons, au régiment de l'Anau ;

6° Jean-Charles, né le 6 septembre 1753, mort le 5 décembre suivant ;

7° Louis-Jean, né le 14 août 1754, et mort le 23 du même mois ;

8° Claude-François, né le 16 mars 1756 ;

9° François-Dominique, né le 4 août 1757, vicomte de Nettancourt, chevalier, capitaine au régiment de Boufflers-dragons ;

10° Thérèse-Félicité, née le 8 juin 1759 ;

11° Anne-Geneviève, née le 4 janvier 1762, mariée, le 24 avril 1781, à Messire Louis-Joseph, comte de Vignacourt, chevalier, fils mineur de Messire Louis-Joseph, comte de Vignacourt, chevalier, ancien capitaine de cavalerie au régiment de Noailles, comte de Noirmont, seigneur de Sains, Bussemont, Lunière, Herpont, Le Frène, etc., et de défunte Marie-Charlotte-Louise Leclerc de Morain, de la paroisse de Blesme, diocèse de Châlons en Champagne.

Joseph, comte de Nettancourt, seigneur de Fains, père des onze enfants dénommés ci-dessus, est décédé à Fains, le 22 juin 1786, âgé de 74 ans.

Marie-Anne Magot, femme du précédent est décédée chez son

fils Joseph Claude-Charles, abbé, comte de Nettancourt-Vaubecourt, en son château à Fains, à l'âge de 64 ans. — Elle résidait
à Bar, rue des Sœurs Claires.]

NEUFVILLE (DE) — Famille éteinte.

Portait : vairé d'argent et d'azur.

La noblesse de cette famille venait des Lettres d'anoblissement
obtenues en 1476 par Jean Contenot dit de Neufville, demeurant à Bar, dont le fils, aussi nommé Jean de Neufville est
mort revêtu de l'office de cellerier des domaines dudit Bar,
laissant plusieurs enfants de l'un et de l'autre sexe, nés de son
mariage avec Marion de Bauzeys, de condition noble, et, entre
autres, Barbe et Claudon de Neufville, lesquelles furent mariées
savoir :

Ladite Barbe avec Jean Preudhomme, auditeur des Comptes
et receveur général du Barrois, et ladite Claudon avec Jean
Maillet dit de Neufville, sommelier d'échansonnerie du duc Antoine.

Quant aux autres enfants dudit Jean de Neufville, ils n'ont
point laissé de postérité mâle qui ait passé la 3e génération, le
dernier, nommé Noël, son petit-fils, était mort dès la fin du
XVIe siècle.

Les familles qui sont sorties de celle ci-dessus par les susdites Barbe et Claudon de Neufville, sont celles qui sont décrites dans les articles de Preudhomme et de Maillet.

NEYON (DE) — Originaire d'Allemagne.

*Porte : d'argent à une losange de gueules mise en cœur, au chef
d'azur chargé de trois étoiles.*

L'origine de la noblesse de cette famille n'est pas venue à la
connaissance de l'auteur de ce recueil; il sait seulement que,
dans les premières années du XVIIe siècle, Balthazard de Neyon
épousa, en la ville de Bar, Antoinette de Léglise, d'extraction
noble, et qu'il fut revêtu d'un office de conseiller maître et au-

diteur en la Chambre des Comples dudit Bar, auquel succéda Philippe de Neyon, l'un de ses fils, et que l'un et l'autre ont joui jusqu'à leur mort, en ladite ville, de tous les privilèges attachés à la noblesse, dont ils ont pris les qualités en tous actes authentiques, sans aucun troubles ni empêchements.

NOIREL (DE)

Porte : d'azur à trois étots noueux d'or posés en fasce,
allumés de gueules.

La noblesse de cette famille vient des Lettres d'anoblissement obtenues en l'année 1568, par Nicolas Noirel, demeurant en la ville de Toul, mort revêtu de l'office de capitaine, prévôt de Foug, bourg dépendant du duché de Bar, dont un des descendants nommé Jean de Noirel, conseiller en la Cour souveraine de Nancy, vint transférer son domicile en la ville de Bar, où il fut pourvu de l'office de lieutenant général au bailliage de Bar, qu'il a exercé jusqu'à sa mort, et dont le fils nommé Charles Christophe de Noirel, est décédé depuis quelques années en ladite ville, maître des Comptes, laissant postérité de son mariage avec défunte Jeanne de Lescale.

Les descendants de cette famille existants audit Bar de nom et d'armes, sont :

Catherine de Noirel, sœur dudit Charles Christophe qui a eu de son premier mariage avec Jean-Antoine Maillet, seigneur de Villotte en partie, conseiller en la Chambre des Comptes dudit Bar, plusieurs enfants, et de son second mariage avec Jean Lepaige, conseiller en ladite Chambre des Comptes, n'a pas eu de postérité ;

N... de Noirel, fils du susdit Charles Christophe, marié depuis peu audit Bar, à N... Jobart :

N... de Noirel, sœur du précédent, mariée à Alexandre Boucher, seigneur de Morlaincourt en partie, ancien capitaine d'infanterie au régiment d'Orléans, sans postérité jusqu'à présent ;

Et Françoise de Noirel, leur sœur, mariée à N... de Neyon, sieur de Soisy, dont elle a postérité encore en bas âge.

Les autres descendants de cette famille sont établis en Lorraine.

ORYOT

Porte : de gueules à trois croissants montants d'or,
2 en chef et 1 en pointe.

Cette famille tient sa noblesse des Lettres d'anoblissement
obtenues en l'année 1601, par Nicolas Oryot, docteur en droit,
conseiller maître auditeur en la Chambre des Comptes de Bar,
qui eut de son mariage avec Jeanne de Bar, d'extraction noble,
plusieurs enfants des deux sexes dont deux filles furent mariées
en la ville de Bar, lieu de leur résidence, où elles ont laissé
postérité, et un de leurs frères, à Saint-Mihiel, où ses descendants mâles sont aujourd'hui les seuls qui restent de cette famille : l'un d'eux, nommé Charles Oryot, seigneur de Jubain-
ville, y étant décédé depuis quelques années, lieutenant général
du bailliage dudit Saint-Mihiel, et dont le fils unique est présentement connu sous le nom d'Apremont, qui était celui de
sa mère, et a postérité.

Les familles qui descendent du susdit Nicolas Oryot par les
femmes existantes aujourd'hui en la ville de Bar, sont :

Celle de Lemosleur par le mariage de Claude Oryot, fille
dudit Nicolas avec Élisée Lemosleur, conseiller auditeur en la
Chambre des Comptes dudit Bar ;

Et celle de Longeaux-Lepaige, par celui d'Anne Oryot, sœur
de ladite Claude avec Gaspard de Lescamoussier, conseiller
auditeur en ladite Chambre, et interposition de Louise Lescamoussier femme de Jean Lepaige, aussi conseiller et auditeur
desdits Comptes, dont la fille est mariée à Charles-Pierre Longeaux, pareillement conseiller en ladite Chambre, avec postérité.

Il y a encore d'autres familles nobles sorties d'une sœur de
l'anobli nommée Françoise Oryot qui avait épousé Claude Derosnes, demeurant audit Bar, qui sont celles de Boucher, Dumesnil, Gérard-Maucervel, de Beurges de Renesson, et de
Longeville, par interposition de Marie de Rosnes, femme de
François Boucher, avocat ez-siège dudit Bar, de Marguerite
Derosnes, femme de Germain Stable Dumesnil, capitaine de

la ville haute dudit Bar et de Didière Derosne, femme de Didier Gérard, père et mère de Barbe Gérard, femme de Thierry Dordelu (Voy. l'art. de Gérard).

OURIET — Famille éteinte.

Portait : taillé d'or et de sable à deux croissants montants de l'un à l'autre.

Il y a apparence que cette famille n'a existé en la ville de Bar que jusque vers le milieu du xv⁰ siècle, temps auquel vivait Jeannin Ouriet, conseiller secrétaire ordinaire du roi René d'Anjou, et président de la Chambre du Conseil et des Comptes du duché de Bar, d'autant qu'il ne paraît pas qu'il ait laissé autres enfants mâles, qu'un fils nommé Édouard Ouriet qui vivait en 1463 ; il est seulement de la connaissance de l'auteur de ce recueil que sa veuve, nommée Marguerite Robbin, convola en secondes noces vers l'an 1450, et qu'elle épousa Galéas Deverney, maître d'hôtel audit roi d'Anjou ; que ledit président prenait les qualités attribuées à la noblesse avec les armoiries telles qu'elles sont ci-dessus blasonnées.

Les familles qui descendent de Pierresson Bruslé viennent aussi de celle d'Ouriet, attendu que la mère dudit Pierresson était sœur dudit Jean Ouriet, ainsi qu'il paraît par des actes de fondation faites tant en la paroisse dudit Bar, qu'en l'église de Saint-Pierre de ladite ville (Voy. l'art. de Bruslé).

PARISOT-MAUCERVEL — Famille éteinte.

Portait les armes de Maucervel ci-devant blasonnées en l'article de Maucervel.

La noblesse de cette famille venait des Lettres de reprise maternelle obtenues en l'année 16.., par Thierry, Claude et Barbe Parisot, du côté d'Élisabeth Maucervel, leur mère de condition noble, qui avait épousé Luc Parisot, capitaine de la bourgeoisie de la ville haute de Bar.

Lesdits Thierry et Claude sont morts conseillers auditeurs

en la Chambre des Comptes dudit Bar, sans avoir laissé de postérité.

La famille de Gérard Rouillon, qui a repris cette noblesse descend de ladite Barbe Parisot par son mariage avec Charles Gérard, avocat ez siège de Bar, de même que celle de de Beurges de Renesson, par interposition du mariage de Claude-Blaise de Beurges, seigneur dudit Renesson et Tremont, avec Louise Gérard, fille dudit Charles et de ladite Parisot.

PARISOT

Porte : d'argent à 3 pals d'azur au chef de gueules,
chargé de 3 roses d'or.

Cette noblesse vient des Lettres d'anoblissement obtenues en 1719, par Antoine Parisot, natif de Bar, alors lieutenant au régiment du Han, pour le service du duc Léopold, lequel depuis plusieurs années a transféré son domicile en la ville de Neufchâteau où il a postérité de son mariage avec la femme qu'il a épousée en ladite ville et qui se nommait Anne-Thérèse Rolin.

PATIN

Porte : de gueules à un bras droit au naturel, une hache à la
romaine d'argent émanchée de même, parti d'azur au chef
d'argent.

Cette noblesse vient des Lettres d'anoblissement obtenues en l'année 1719 par Jean Patin, alors brigadier des gardes du corps du duc Léopold......

PAVIETTE — Famille éteinte.

Portait : d'or, à trois losanges de gueules, 2 en chef et 1 en
pointe, au chef d'azur chargé de 3 falots d'or allumés de
gueules.

La noblesse de cette famille venait des Lettres d'anoblissement obtenues en l'année 1524 par Jacob Paviette, demeurant

à Bar, avec permission de porter les armes de Bonne Cordier, son ayeule paternelle, ainsi que l'avait obtenu trois ans auparavant François Paviette, son oncle, fils de ladite Cordier, mort sans postérité, contrôleur de l'Hôtel de M. de Verdun; mais cette famille fut éteinte presqu'en même temps de sa noblesse par défaut de mâles, ledit Jacob Paviette n'ayant eu d'autres enfants qui aient laissé postérité connue que des filles, l'une desquelles, nommée Barbe, mariée en premières noces à Louis Dupuis, sans postérité, et en deuxièmes noces à Roch Lescuyer, dont elle eut plusieurs enfants qui allèrent s'établir hors du bailliage de Bar, excepté une fille nommée Lucie qui épousa Jacque Bouvet, gruyer dudit Bar, mais dont il ne reste de postérité que par les femmes.

Les familles de Didelot et Lemosleur en viennent par Marguerite Bouvet, femme de Claude Didelot, auditeur des Comptes, et par Françoise Bouvet, femme de François Beaudoux, aussi auditeur desdits Comptes, et interposition de Sébastienne Beaudoux, femme de François Lemosleur (Voy. les art. de Didelot et Lemosleur).

PÉRIN

Porte : d'azur à trois arbalètes d'or posées en pal, 2 en chef et 1 en pointe.

La noblesse de cette famille vient des Lettres d'anoblissement obtenues en l'année 1561 par Errard Périn, gruyer de Ligny et depuis contrôleur des Kœurs, qui eut de son mariage avec Isabeau Lepage, d'extraction noble, plusieurs enfants des deux sexes, et, entre autres, deux fils, tous deux nommés Antoine, qui formèrent deux branches, l'aîné desquels laissa aussi plusieurs enfants de son mariage avec Madeleine Demangeot, pareillement de condition noble; mais cette branche est présentement éteinte par défaut de descendants mâles, n'y en existant plus aujourd'hui que par l'alliance des femmes.

Ledit Antoine Périn, l'aîné, est mort prévôt dudit Ligny; quant audit Antoine, le jeune, il a laissé postérité de nom et d'armes qui existe encore aujourd'hui en la ville de Bar et ailleurs, née de son mariage avec noble femme Catherine Bailly de Vassebourg, et est mort gruyer dudit Ligny, auquel succéda un de ses fils pareillement nommé Antoine Périn de Vassebourg dont les descendants de nom et d'armes, actuellement existants, sont Charles Périn, avocat ez siège de Bar, demeurant en ladite ville, présentement sans postérité, et N... Périn, marié en la ville de Ligny.

Les familles qui viennent par les femmes de la branche d'Antoine Périn l'aîné et de Madeleine Demangeot sont :

Celles de Morison, de Nuisement de Ligny, Longeaux-Lepaige, de Bar-Spon, et de Lescale de Villotte, par le mariage d'Antoine Morison avec Diane Louise Périn, fille dudit Antoine ;

Et celles de Cholet, de Longeaux et de Lamorre, de Dammarie, par les mariages de François Cholet, sieur de Longeaux et de Claude de Lamorre avec Anne et Elisabeth Périn, filles de Charles Périn, prévôt dudit Ligny et d'Isabeau Morison, fille de ladite Diane-Louise Périn.

PESCHART

Porte : coupé d'argent et de sable au lion rampant de l'un à l'autre.

Cette famille tient sa noblesse des Lettres d'anoblissement obtenues en l'année 1604, par Alexandre Peschart, de Tannois en Lorraine, par lesquelles il est exposé qu'il était fils de Pierre Peschart, qui avait épousé Barbe Surillat, archer des gardes du grand duc Charles III, originaire de la province du Mans, et issu de noble famille du côté de son dit père, ce qu'il n'était cependant pas en état d'obtenir par titres justificatifs, attendu qu'il y avait près de 80 ans que ledit Pierre Peschart, avait quitté le lieu de sa naissance pour venir transférer son domicile en Lorraine, pourquoi ledit Alexandre, son fils aurait obtenu ces dites Lettres d'anoblissement pures et simples. De son mariage avec Marie de Perthes, il eut entre autres enfants un fils nommé Thierry Peschart, avocat, demeurant à Bar qui fut seigneur de Tornizet et après la mort de Pierre Peschart, son frère, auquel appartenait la dite seigneurie, et lequel fut marié à Anne de Rutant, d'extraction noble, dont il eut Alexandre Peschart, seigneur dudit Tornizet, etc., qui épousa Antoinette de Sallé, aussi d'extraction noble, et dont le fils, nommé René, seigneur dudit Tornizet, Ambly, etc., est mort audit Bar depuis quelques années, laissant postérité de son mariage avec Thérèse de Rouyn, à présent sa veuve.

Les descendants de nom et d'armes de cette famille sont :

Henriette Peschart, de Tornizet, sœur du susdit René, non mariée ;

Alexandre Peschart, seigneur desdits Tornizet et Ambly, fils aîné dudit René, lequel a postérité encore en bas-âge de son mariage avec Françoise Antoine de Bussy ;

Joseph Peschart, seigneur en partie desdits lieux, marié depuis quelques années à N... Mangeot, demeurant à Gondrecourt, lequel a postérité ;

Louis Peschart, dit le chevalier d'Ambly, lieutenant d'infanterie au régiment de Limouzin, non encore marié, non plus que Thérèse Peschart, sœur des susdits Alexandre, Joseph et Louis.

Les familles qui viennent de celle de Peschart par les femmes sont :

Celles de de Beurges, de Ville-sur-Saulx, par le mariage de Joseph de Beurges, seigneur dudit Ville-sur-Saulx, etc., avec Anne Peschart, sœur des susdits René et Henriette.

Les descendants de celle de Richard, de Pont-à-Mousson, en viennent aussi par le mariage de N... Richard avec Françoise Peschart, fille du susdit Thierry ; de même que celles qui viennent de Marie Peschart, sa sœur, et de Jacque de Bermondes, et notamment celle de Reims.

PIAT

Porte : d'azur au lion d'argent tenant entre ses griffes une palme d'or.

La noblesse de cette famille vient de la reprise maternelle obtenue en l'année 1618 par Nicolas et Claude Piat du côté de

Mesline Malomont, leur mère, de condition noble, pour avoir fait avec ses frères pareille reprise du côté maternel, et avoir épousé Claude Piat, contrôleur en la gruerie de Morley. Ledit Nicolas Piat est mort lieutenant particulier au Bailliage de Bar, laissant plusieurs enfants de son mariage avec Marie Argentel, de condition noble, dont les descendants, s'il s'en trouve encore, ne sont pas connus de l'auteur de ce recueil, non plus que ceux qui viennent dudit Claude, son frère, mort prévôt dudit Morley.

Il en reste néanmoins de nom et d'armes.

PLATEL

Porte : d'argent au chevron d'azur chargé de cinq larmes d'or, accompagné de trois coupes de gueules, 2 en chef et 1 en pointe.

Cette famille dont les descendants de mâles en mâles résident présentement en la ville de Saint-Mihiel, ou dans l'étendue de son district, tient sa noblesse des Lettres de reconnaissance ou d'anoblissement en tant que de besoin, obtenues en l'année 1550 par Luc Platel, dit du Prey, originaire de la ville d'Anvers, *tapissier du grand duc Charles III* et concierge du château de Bar, où il vint établir sa résidence par son mariage avec Isabelle Lescamoussier dont il eut plusieurs enfants et, entre autres, un fils, nommé Jean, qui épousa Jeannette Longeaux en premières noces, dont il eut Nicolas et Philippe les Platel ; le dernier est la tige de ceux de cette famille qui résident à Saint-Mihiel ; et en secondes noces ledit Jean épousa noble femme Maxée de Rollet, dont il eut Didier Platel, sergent royal audit Bar, où il n'en reste plus qui viennent de cette famille *de mâles en mâles, mais seulement par le ventre*, tels sont :

La famille de Bertrand-Duplateau par le mariage de Daniel Bertrand, demeurant à Érize-Saint-Dizier, avec Marguerite Platel dont les enfants reprirent la noblesse et joignirent à leur surnom celui de Duplateau.

Celles de Decheppe de Vasse et Colin de Contrisson en viennent aussi par le mariage d'Isabelle Platel, fille du susdit Luc et de la dite Lescamoussier avec Gérard Regnard, chevaucheur des Salines dont le duché de Bar et par interposition de celui de Pierre Decheppe avec Elisabeth Regnard, sa petite-fille.

POIRRESSON

Porte : de gueules à deux lances d'or ferrées d'argent posées en sautoir, cantonnées de quatre têtes de léopards d'argent.

La noblesse de cette famille vient des Lettres d'anoblissement obtenues en l'année 1714, par Didier Poirresson, natif de Rouvrois, avocat ez siège de Bar, qui a laissé postérité en ladite ville de son mariage avec Barbe Massue, et dont le fils aîné, nommé Nicolas, est mort, depuis peu d'années, chevalier de Saint-Louis et capitaine de grenadiers au régiment d'Anjou, laissant postérité de son mariage avec Claude Rouillon, à présent sa veuve, savoir :

Nicolas Poirresson, capitaine d'infanterie au régiment de Royal-Bavière, lequel n'est pas encore marié ;

François Poirresson, lieutenant au régiment d'Orléans, infanterie;

X... Poirresson, chanoine de l'église Saint-Maxe;

Lesquels ont encore deux frères dans le service du roi, et deux sœurs non encore mariés ;

Gabriel Poirresson de Blamecourt, leur oncle, chevalier de Saint-Louis, ancien capitaine d'infanterie, au régiment de Guyenne, sans postérité de son mariage avec défunte Marie Alliot;

Et Catherine Poirresson, sa sœur, femme de Claude Chomprey, commissaire aux saisies réelles, demeurant audit Bar, dont a postérité.

POIROT

Porte : d'or, à la fasce de gueules, une levrette d'argent brochant sur le tout, et une étoile d'azur au canton dextre du chef.

Cette famille tient sa noblesse des Lettres d'anoblissement

obtenues en l'année 1718 par Henri Poirot, alors receveur des Finances du duc Léopold au bureau de Bar, qui eut de son mariage avec X... Fromenteau, un fils unique nommé N... lequel a épousé depuis peu Catherine Broulier, sa sœur ayant fait profession dans le monastère des religieuses Sainte-Claire de la ville dudit Bar.

Les familles d'Aubry, de Magot-Aubry et de Lefévre-Aubry viennent de celle de Poirot par le mariage d'Antoine Aubry, avocat ez-siège dudit Bar avec ... Poirot, sœur de l'anobli.

POUPPART

Porte : d'azur à trois grelots d'or, 2 en chef et 1 en pointe.

L'origine de la noblesse de cette famille n'est pas connue de l'auteur de ce recueil, il sait seulement qu'elle a été reconnue ancienne de tout temps immémorial et même dès le milieu du XVI⁰ siècle, temps auquel vivait François Pouppart, demeurant à Bar, lequel, en tous actes authentiques, a pris jusqu'à sa mort, arrivée en 1559, les qualités attribuées à la noblesse, ce qui s'est pratiqué et se pratique encore aujourd'hui, sans trouble ni empêchement, par ses descendants de mâles en mâles établis en ladite ville de Bar et dans son district.

Ledit François Pouppart, avait épousé Alix Godignon, de condition noble, avec laquelle il eut un fils nommé Claude, tige de cette famille qui existe aujourd'hui.

Lesdits descendants de nom et d'armes sont :

N..... Pouppart, demeurant audit Bar.

N..... Pouppart, garde du corps du roi, chevalier de Saint-Louis, demeurant à Laheycourt.

Les familles, qui en viennent par les femmes sont :

Celles d'Heyblot et Bertrand-Duplateau par le mariage de Jean Heyblot, receveur de la terre de Pierrefitte, avec Agnès Pouppart, fille de Jean Pouppart, conseiller en la Chambre des Comptes de Bar, fils du susdit Claude.

Nota. — Depuis il a été reconnu que l'origine de la noblesse de cette famille vient de Nicolas Pouppart, demeurant à Bar, anobli en 1408.

POYART (V. plus loin article THIERRIAT)

PREUD'HOMME

Porte : d'or à 3 chevrons de gueules, l'un sur l'autre, au chef d'azur, chargé d'une levrette de champ, bouclée de gueules.

La noblesse de cette famille vient des Lettres d'anoblissement obtenues en l'année 1507, par Jean Preud'homme, demeurant à Bar où il est mort conseiller auditeur en la Chambre des Comptes et receveur général du Barrois. Il eut de son mariage avec Barbe de Neufville, de condition noble, plusieurs enfants des deux sexes, et, entre autres, Philippe, Blaise, et Christophe, morts tous trois conseillers en ladite chambre; ledit Philippe Preud'homme fut marié à Catherine de Lamothe, de noble lignée, et de ce mariage vient la noble branche de Preudhomme, seigneur de Vezin, et ledit Blaise, de son mariage avec Nicole Constant, aussi d'extraction noble, a formé celle des comtes de Fontenoy et de Vitrimont, qui existe en Lorraine.

Les familles de Bar qui viennent de celle de Preudhomme par les femmes sont :

Celle de Jobart et celles qui en sont sorties venant du mariage de Pierre Jobart, contrôleur des eaux et forêts avec Eve Preudhomme, fille dudit Philippe.

Celle de Derouyn et ses descendants par les femmes en viennent pareillement par le mariage de René Boudet, président en ladite chambre, avec Claudon Preudhomme, sœur dudit Philippe.

QUENAULDON (V. plus haut l'art. LESCALE)

RAULOT — Famille éteinte.

Portait : d'azur au chevron d'or, accompagné de trois étoiles de même, 2 en chef et 1 en pointe.

Cette famille tenait sa noblesse des Lettres d'anoblissement obtenues en l'année 1565, par Pierre Raulot, avoué ez-siège de Bar, originaire de Longeville, dont il ne reste plus de descendants de nom et d'armes.

L'un de ses petits fils nommé Jean Raulot demeurant audit Bar, ayant eu un fils de même prénom de son mariage avec noble femme Nicole Beaudoux mort commandeur de Braux, est le dernier des mâles de cette famille, étant décédé dans les premières années du xviii° siècle, n'ayant laissé que deux filles nommées Barbe et Christienne, mortes dans un âge avancé sans avoir été mariées, et un fils mort religieux Augustin.

Les familles qui viennent de celles ci-dessus par les femmes ne sont pas venues à la connaissance de l'auteur de ce recueil.

REGNAULT

Porte : d'azur au lion tourné, couronné d'or, tenant une faux abaissée d'argent émanchée d'or, et une étoile d'argent mise en chef.

La noblesse de cette famille vient des Lettres d'anoblissement obtenues en l'année 1718 par Toussaint Regnault, avocat ez siège de Bar, qui de son mariage avec Antoinette Hannel, de condition noble, à présent sa veuve, a laissé postérité des deux sexes, savoir :

Joseph Regnault, seigneur du Bexy, conseiller d'État ordinaire du roi de Pologne, en son Conseil royal des finances, qui a postérité de son mariage avec Reine Detilly ;

Daniel Regnault, exempt des gardes du corps du grand duc de Toscane présentement à Florence, non encore marié ;

François Regnault de Collesson, chevalier de Saint-Louis, capitaine d'infanterie au régiment de Hénault, pareillement non marié.

Jeanne et Marguerite, aussi non encore mariées ;

Et Anne Regnault, qui a épousé François Cachedenier de Vassimont, capitaine réformé aux gardes du grand-duc de Toscane dont elle a postérité en bas-âge.

REIMS (DE)

Porte : d'or à la fasce de gueules accompagnée de trois étoiles de sable, 2 en chef et 1 en pointe.

La noblesse de cette famille vient des Lettres d'anoblissement

ou de reprise maternelle obtenue en l'année, 1554, par Didier de
Reims, demeurant à Bar, avec permission de prendre et porter
les armes de Marguerite Provyn, son ayeule maternelle de condition noble, qui avait épousé Jean Regnard dit Hacquin dont
la fille nommée Barbe Hacquin avait épousé Jean de Reims,
duquel mariage sont nés ledit Didier de Reims qui eut plusieurs
enfants de son mariage avec Louise Michiels, de condition noble,
et est mort revêtu de l'office de conseiller auditeur en la Chambre des Comptes dudit Bar;

Jean de Reims, l'aîné de ses fils, fut marié à Marie Boisguerin
de Bernécourt, dont il eut, entre autres enfants, une fille aussi
nommée Marie, qui épousa Charles-Nicolas, seigneur de Lhory.
Didier de Reims, frère dudit Jean, est mort abbé régulier de
l'abbaye de Lisle-en-Barrois, ordre de Saint-Bernard.

Isabelle, leur sœur, fut mariée à Pierre d'Audenet, seigneur
de Dagonville, conseiller auditeur en ladite Chambre des Comptes, dont elle eut un fils nommé Paul, mort sans postérité existante de son mariage avec Marie Peschart.

Quant à Louis et Claude de Reims, aussi leurs frères, l'auteur de ce recueil n'a rien découvert jusqu'à présent qui fasse
mention de leur postérité et alliance.

Nota. — Ledit Louis est mort chanoine de l'église Saint-Maxe
de Bar.

Cette famille n'existe plus en la ville de Bar ni dans son district, mais bien en Lorraine, en la personne d'Antoine Bernard
de Reims, ci-devant chambellan du duc Léopold, qui a postérité de l'alliance illustre par lui contractée dans la maison de
Lenoncourt, et dont la nièce nommée Louise de Reims, est
mariée au marquis du Ballay, à Lons-le-Saulnier.

REVIGNY (DE) — Famille éteinte.

*Portait : d'or à la bande de gueules, chargée
de trois roses d'argent.*

La noblesse de cette famille était déjà reconnue ancienne dès
les premières années du XVe siècle, temps auquel vivaient en la
ville de Bar, Etienne et François de Revigny, dont le père,

nommé Jean de Revigny, était fils d'Ancelot dit le Loup-boîteux de Revigny et de noble femme comtesse de Seraucourt, lesquels prenaient les qualités attribuées à la noblesse dès l'année 1360; mais cette famille est éteinte par défaut de mâles depuis le xvie siècle, ledit Etienne ayant laissé deux fils morts sans postérité, et deux filles, l'une nommée Mesline qui fut mariée à Richier Venredy, dont la postérité est inconnue à l'auteur de ce recueil, et l'autre nommée Alix de Revigny, qu'il croit avoir été mariée à Jean de Villiers, clerc d'hôtel du roi de Sicile, René d'Anjou, suivant les notions qu'il en a tiré de quelques titres de cette famille.

Quant au susdit François de Revigny, frère dudit Etienne, il sait qu'il est mort revêtu des offices de Conseiller auditeur en la Chambre des Comptes et de lieutenant général au bailliage de Bar, de même que son frère Etienne, n'ayant laissé de son mariage avec Colette de Véel, qu'un fils nommé Guillaume, mort sans postérité, ainsi qu'on en juge par un acte de partage de ses biens entre ses héritiers collatéraux, du 18 avril 1514; et une fille nommée Guillemette, morte avant son frère qui hérita de sa succession.

Il paraît d'après ce qui vient d'être dit, que les familles qui descendent par les femmes de celle de Revigny, sont celles qui viennent de celle de Devillers. Voyez l'article de Guyot, à cause de Mesline de Villers, fille de ladite Alix de Revigny et de Jean Devillers, clerc d'hôtel de René d'Anjou, roi de Sicile et duc de Lorraine et de Bar.

RIZAUCOURT

Porte : fascé d'argent et de pourpre.

La noblesse de cette famille fut reconnue par les Lettres patentes de l'année 1663 obtenues par François de Rizaucourt, seigneur de Guerpont, conseiller maître des Comptes et auditeur de la ville de Bar, et ensuite conseiller d'État du duc Charles IV et maître des requêtes ordinaires de son hôtel, ayant été par lui justifié, ainsi qu'il est énoncé ez-dites Lettres, que son père Innocent de Rizaucourt, de même que François son ayeul, archer des gardes du grand duc Charles III, et François, son bisaïeul, valet de chambre du Cardinal de Guise, originaire du bailliage de Chaumont-en-Bassigny, avaient toujours été tenus et réputés nobles dans l'étendue dudit bailliage. De son mariage avec Barbe de Gondrecourt, d'extraction noble, il a laissé postérité qui existe aujourd'hui en la ville de Bar et dans son district.

Les descendants de nom et d'armes sont :

Beatrix de Rizaucourt, sa fille, à présent veuve de Jean Baptiste De Rouyn, seigneur de Rogeville, Vassincourt, etc., Chevalier de Saint-Louis, lieutenant-colonel au régiment de Breuil infanterie, à présent Bouzol, mort commandant d'Ambrun, dont il reste un fils unique ;

Hubert de Rizaucourt, seigneur de Guerpont et Silmont, ancien gruyer de Bar, qui a postérité de son mariage avec N..... Boyeaux-Dadon ;

Elisabeth de Rizaucourt, mariée à N..... Bastard, présentement établie hors le duché de Bar ;

Et Anne de Rizaucourt, non encore mariée.

Lesdits Hubert, Elisabeth et Anne, frère et sœurs nés du mariage du défunt N..... de Rizaucourt, seigneur dudit Guerpont et Silmont, gruyer de Bar, et de ....

Joseph de Rizaucourt, leur cousin germain, seigneur en partie des dits lieux, ancien maître des comptes et conseiller actuel au bailliage dudit Bar, qui a postérité de son mariage avec Marie Louise de Lescale, sa cousine germaine ;

N..... de Rizaucourt, son frère, chanoine de l'église collégiale de Ligny ;

Thérèse de Rizaucourt, leur sœur, mariée à Joseph Jobart, conseiller en la Chambre des Comptes dudit Bar, qui a postérité ;

Et N....... de Rizaucourt, non encore mariée ; tous enfants de défunt François de Rizaucourt, seigneur desdits lieux, maître des comptes et conseiller audit bailliage de Bar, et de Thérèse de Lescale.

Les familles qui sont sorties d'une autre branche par les femmes sont :

Celle de Dutertre, par Anne de Rizaucourt, femme de Nicolas Dutertre, secrétaire du duc Léopold.

Celle de Lepaige de Rizaucourt, par le mariage de Jean Lepaige en deuxièmes noces avec Marguerite de Rizaucourt.

Et une branche de celle de Rogier par Françoise de Rizaucourt, femme d'Hyacinthe Rogier, apothicaire audit Bar.

Lesdites Anne, Marguerite et Françoise, filles de N... de Rizaucourt et de Françoise Barbillat.

RODOUAN

Porte : de gueules chapé d'or, à 2 quinte-feuilles percées de sable en chef.

L'origine de la noblesse de cette famille vient des Lettres d'anoblissement obtenues en l'année 1465 par Jean Rodouan, natif de Fains, clerc juré en la gruerie de Bar, demeurant alors audit Bar, lequel eut plusieurs enfants de son mariage avec Alix de Doncourt, d'extraction noble, dont il se forma deux branches, l'une par Jean Rodouan, l'aîné de ses fils, aussi clerc juré en ladite gruerie, qui épousa Alix Guyot, aussi de noble lignée, de laquelle branche il ne reste plus de descendants mâles depuis longtemps, le dernier nommé Philippe, étant mort évêque de Bruges.

Et l'autre branche fut formée par Pierre Rodouan, frère dudit Jean, mort clerc juré en la gruerie d'Esclaron où ses descendants ont continué leur séjour et domicile, lesquels ont eu postérité de mâles en mâles, qui existe encore aujourd'hui, tant audit Esclaron, ou dans son district, que dans la ville de Bar et aux environs, où trois frères sortis de cette branche, nommés Jérosme, Simon et Louis Rodouan, vinrent se marier sur la fin du xviie siècle :

Le 1er avec Jeanne Jacquemot;

Le 2e avec Louise Jacquemot;

Et le 3e avec Marie-Anne de Mussey, toutes trois de noble lignée.

Les enfants qui restent dudit Jérôme en ladite ville de Bar, sont....... et........ Rodouan, non mariés;

Ceux qui restent dudit Simon sont Marie Rodouan de Blécourt, aussi non mariée, et Thérèse Rodouan de Blécourt, qui a épousé Philippe de Marien, ancien maître des Comptes dudit Bar, dont elle a postérité.

Et dudit Louis il ne reste qu'un fils unique nommé........... lequel est seigneur en partie de Morlaincourt, où il demeure, et n'est pas encore marié.

Celles qui sont sorties de Claudette Rodouan, cousine germaine du susdit Philippe, évêque de Bruges et de René de Sallé, son mari en premières noces, comme aussi celles qui viennent de ladite Claudette et de Claude Montarlot, son mari en deuxièmes noces (Voyez les art. de Sallé et de Montarlot).

ROSIÈRES (DE)

Porte : d'or à deux lions d'azur contrepassants l'un sur l'autre, à la bordure engrelée de gueules.

La noblesse de cette famille vient des Lettres d'anoblissement obtenues l'année 1486, par François de Rosières, clerc juré en la gruerie de Bar, qui fut marié à Jeannette Braulley, de condition noble, veuve de Nicolas Ducrelot, dont il eut plusieurs enfants et entre autres Jean de Rosières, lequel est mort conseiller auditeur en la Chambre des Comptes dudit Bar, laissant de son mariage avec Jeanne de Lamothe, fille de Jean de Lamothe et de Jeanne de Briel, des enfants des deux sexes, dont il reste postérité de nom et d'armes en la ville de Saint-Mihiel et dans son district, n'y en ayant d'autres de ce nom présentement en celle de Bar que N... de Rosières, mariée depuis quelques années à Jean-Baptiste, comte d'Alençon, dont elle a postérité.

La famille de Drouyn et les descendants de cette famille par les femmes viennent aussi de celles de Rosières, par le mariage d'Adriane de Rosières, fille du susdit Jean avec George des Errard, seigneur de Fleury et par interposition de Louise des Errard, femme d'Alexandre de Rouyn.

ROUILLON

Porte : d'azur à un daim d'argent, au chef de gueules chargé de 3 perdrix d'or.

Cette famille tient sa noblesse des Lettres d'anoblissement obtenues en l'année 1705 par François Rouillon, prévôt de la maréchaussée et capitaine des chasses demeurant à Bar, dont la mère nommée Claude Serrey était de condition noble, de laquelle il pouvait reprendre la noblesse aux termes de l'art. 71 de la coutume dudit Bar; mais il préféra l'anoblissement pour se conserver la tierce partie de ses biens paternels, qui était un objet considérable pour lui. Il laissa trois enfants de son mariage avec Jeanne Jeannesson, qui sont :

Hubert Rouillon, présentement prévôt, chef de police de ladite ville de Bar, qui a postérité de son mariage avec N..... Bagard;

Marguerite Rouillon, veuve de Nicolas Poiresson, chevalier de Saint-Louis, ancien capitaine des grenadiers du régiment d'Anjou, dont elle a eu plusieurs enfants de l'un et de l'autre sexe.

Et Jeanne Rouillon, non encore mariée.

Les familles de Guyot-Demarne, Gérard-Rouillon, et celle de Saint-Genis, établie à Vitry, viennent aussi de celle de Rouillon, par N....... Rouillon, femme de Nicolas Guyot, Catherine Rouillon, veuve d'Antoine de Saint-Genis, commissaire aux revues des troupes du roi, audit Vitry, toutes trois sœurs de l'anobli.

ROUSSEL

Porte : .....

La noblesse de cette famille vient d'une espèce de reprise maternelle obtenue en l'année 1669, par Bertrand, Claude et Louis Roussel, frères, demeurant à Dammarie, enfants nés du mariage de Jean Roussel, dudit Dammarie et de Barbe Gouvet, laquelle était fille de la nommée Claude Catin, suivant l'exposé des Lettres obtenues en ladite année par lesdits Bertrand, Claude et Louis Roussel.

Claude Roussel, fils dudit Claude, est mort en la ville de Bar, dans les premières années du xvɪɪɪᵉ siècle, revêtu de l'office de prévôt de la Maréchaussée, ne laissant que des filles non mariées, lesquelles ont cessé depuis longtemps de faire leur résidence en ladite ville de Bar.

L'auteur de ce recueil ignore s'il reste quelques descendants desdits Bertrand et Louis Roussel, il sait seulement que ledit Louis avait un fils nommé Pierre qui fut marié et eut entre autres enfants : Louis, Joseph et Jeanne.

SAINCTON (DE)

Porte : coupé d'argent et d'azur chargé au chef de cinq abeilles de sable, 3 et 2, et d'un lion passant d'or, en pointe.

Cette famille est établie en la ville de Bar depuis l'année 1726, et tient sa noblesse de Henri de Saincton, mort revêtu de l'office de conseiller secrétaire du roi, contrôleur en la Chancellerie de la Cour du Parlement de Paris, dont il était pourvu dès l'année 1641, et en vertu d'un arrêt de maintenue, obtenu du conseil privé du roi en l'année 1668 par Charles de Saincton, son fils et de Julienne Hallot, laquelle étant veuve du susdit Henri de Saincton, épousa en deuxièmes noces Louis Carlays, conseiller du roi en ses conseils d'État et privé, et son premier avocat général en la cour de ses monnaies.

Et ledit Charles de Saincton est mort lieutenant de vaisseaux du roi laissant postérité de son mariage avec Françoise Zarra qu'il avait épousée à Bologne en Italie, et dont le fils est venu transférer son domicile en ladite ville de Bar en 1726, avec sa famille, savoir :

Claude de Saincton, seigneur de Gloriette et du Marché Pallu, chevalier de Saint-Louis et de Saint-Lazare, capitaine de dragons au régiment d'Harcourt, qui a postérité de son mariage avec Angélique Gire Deschamps. Leurs enfants sont : Claude de Saincton, capitaine de cavalerie légère au régiment de Raugrave, lequel est depuis peu marié en ladite ville de Bar, où il a épousé Marie Anne Vasse, duquel mariage il a un commencement de postérité en bas-âge.

Charles-Claude de Saincton, lieutenant d'infanterie, non encore marié, et Jean-Baptiste-Augustin Saincton, qui a embrassé l'état ecclésiastique.

SALLÉ (DE) — Famille éteinte.

Portait : de gueules à la bande d'argent
chargée de 3 melons de sinople, posés en bande.

La noblesse de cette famille était réputée ancienne dès auparavant le milieu du xvie siècle, temps auquel vivait Jean de Sallé à qui la qualité d'écuyer était donnée dès lors en tous actes authentiques, de même qu'à René de Sallé, son fils, homme d'armes de la compagnie de Monseigneur, pour le service du grand duc Charles III, lequel René de Sallé a eu de son mariage avec Claude de Rodouan, d'extraction noble, un fils nommé Louis, marié à Nicole Gaulme, aussi de condition noble, et un petit-fils né de ce mariage, nommé René de Sallé qui épousa Anne de Tannois, pareillement issue de noble lignée, lequel fut le dernier descendant mâle de cette famille qui ait laissé postérité, encore n'est-ce que par le mariage d'Antoinette, sa fille, avec Alexandre Peschart, seigneur de Tornizet, etc.

Ainsi les familles qui viennent de ce mariage sont celles de Peschart et de Beurges, de Ville-sur-Saulx, par interposition d'Anne Peschart, femme de Joseph de Beurges, seigneur dudit Ville-sur-Saulx.

SAVIGNY (DE) — Famille éteinte.

Portait : de gueules à trois lions rampants d'or,
2 en chef et 1 en pointe.

La noblesse de cette famille était des plus anciennes et des plus distinguées d'entre toutes les autres, dont la source n'est pas connue, non plus que celle-ci, tant par les terres nobles qui ont été possédées par plusieurs gentilshommes de ce nom dans l'étendue du bailliage de Bar que par les emplois les plus relevés dont ils ont été revêtus, comme ceux de bailli et gouverneur des ville et château dudit Bar, dans lesquels est mort en 1611, Varin de Savigny, seigneur de Laymont, etc., dont il était pourvu dès l'an 1596, et dont une sœur, nommée Catherine de Savigny avait épousé Jean de Nettancourt, comte de Vaubecourt, baron d'Orne, chevalier des ordres du roi, lieutenant général de ses armées, etc.

Et pour ne pas entrer dans un détail généalogique, il suffit de dire que cette ancienne famille était de nom et d'armes des mieux alliées; mais elle n'existe plus depuis longtemps dans le duché de Bar.

SERRE

Porte : de gueules à un daim d'argent armé de trois pièces.

La noblesse de cette famille vient des Lettres d'anoblissement obtenues en l'année 1556, par N... Serre, alors en Lorraine, et dont le petit-fils nommé Jean, vint dans le XVIIe siècle, transférer son domicile en la ville de Bar, où il épousa Marie Henry, fille de Luc Henry, apothicaire; pour quoi ledit Jean, pour avoir exercé pendant quelque temps la même profession que son beau père, César Serre, son fils, procureur de S. A. R. en la gruerie dudit Bar, fut obligé d'avoir recours à des Lettres de réhabilitation, qu'il obtint en l'année 1702. Ledit César avait épousé Jeanne Leschicault, d'extraction noble, dont il reste postérité en ladite ville, tant de mâles en mâles que par le ventre.

Les descendants de nom et d'armes, sont :

César Serre, ancien garde du corps de S. A. R. le duc François, qui a postérité de son mariage avec.....

Charles Serre, ancien chevau-léger de la garde de ladite A. R. sans postérité de son mariage avec défunte.....

Et Hubert Serre, avocat ez-siège de Bar qui a deux filles et deux fils de son mariage avec Anne Lepaige.

Lesdits César, Charles et Hubert, petits-fils du susdit César Serre, et fils de Jean-Nicolas Serre, mort depuis peu revêtu de l'office de doyen des conseillers au bailliage dudit Bar et d'Anne Heyblot, à présent sa veuve.

Les familles qui en descendent par les femmes sont :

Celles de Vyart-Serre et Vyart de la Cour par le mariage de Charles Vyart, conseiller audit bailliage avec damoiselle Serre, sœur dudit Jean-Nicolas ; et celles de Rouillon-Poiresson, Gérard-Rouillon, Guyot et Deschenet, par celui de Jacque Rouillon, avocat ez-siège dudit Bar, avec Claude Serre, sœur du susdit César.

STAINVILLE (DE)

Porte.: d'or, à la croix ancrée de gueules.

La noblesse de cette famille est des plus anciennes de toutes celles dont l'origine est inconnue, puisqu'elle doit être bien au delà de l'année 1330, temps auquel vivait Guillaume de Stainville, seigneur de Stainville, Tannois, Longeville et Montplonne, ainsi qu'il est justifié par un dénombrement donné en ladite année, par Isabelle de Montplonne, sa veuve, et Guyot de Stainville, leur fils, pour raison desdites seigneuries : dans lequel la qualité de chevalier est donnée audit Guillaume de Stainville, audit Guyot et après à ses fils. De même qu'elle se trouve attribuée dans le siècle suivant à Ancel et Philbert de Stainville, leurs descendants ; ce qui fait assez juger de l'ancienneté de la noblesse de cette famille de nom et d'armes, et que sa source devait être bien antérieure au xive siècle ; aussi les dignités et les emplois les plus considérables de la province ont toujours été confiés jusqu'ici à plusieurs seigneurs de cette maison, titrée d'ailleurs des qualités de comtes et de marquis, et alliées aux plus illustres des duchés de Lorraine et de Bar, depuis le xvie siècle, et particulièrement à celles de Montmorency et de Salm, par le mariage de Jean, comte de Salm, maréchal de Lorraine, etc., avec Louise de Stainville ; mais elle est aujourd'hui à la veille de s'éteindre par défaut de mâles, le dernier qui reste de cette maison est J. François, comte de Stainville, baron de Beurey, bailli de Bar et ci-devant capitaine des gardes du corps du duc Léopold et du duc François, à présent grand duc de Toscane, lequel est dans un âge très avancé sans avoir été marié ; il est fils de Georges, comte de Stainville, et de

Louise Danglure, et fait sa résidence actuelle en son château de Beurey.

On peut néanmoins présumer que le nom de cette maison s'y perpétuera au moyen de la donation qui a été faite du marquisat de Stainville à François-Joseph, comte de Choiseul, marquis de Stainville, fils de François-Joseph de Choiseul, dit le baron de Beaupré, capitaine de vaisseau, gouverneur de Saint-Domingue, décédé le 20 août 1709. Il avait épousé Renée de Stainville, mère de François-Joseph susdit, substitué aux nom et armes de Stainville, par son oncle maternel le comte de Stainville, gouverneur de Transilvanie.

François-Joseph, comte de Choiseul, marquis de Stainville qui est conseiller au conseil aulique de l'empereur François Ier, son grand chambellan et son ministre plénipotentiaire en France, et nommé régent de Toscane, chevalier de la Toison d'Or, a épousé en 1717, Françoise-Louise, fille d'Anne François-Joseph, marquis de Bassompierre, colonel d'un régiment au service de l'empereur Léopold, etc., et de Louise de Beauvau. Leurs enfants sont :

Étienne-François de Choiseul, marquis de Stainville, né le 28 juin 1719, maréchal de camp, le 10 mai 1748, gouverneur de Mirecourt et des Vosges le 14 mars 1748, fait colonel d'un régiment d'infanterie à son nom le 21 mai 1743, et de celui de Navarre le 15 janvier 1745.

Brigadier le 4 août 1746 ;

Grand bailli et gouverneur des Vosges, le 26 août 1751 ;

Ambassadeur extraordinaire à Rome en novembre 1753 ;

Chevalier des Ordres le 1er janvier 1756 ; a eu permission d'en porter les marques, sur admission de ses preuves, le 2 février même année ;

Ambassadeur extraordinaire à Vienne en mars 1757 ;

Reçu chevalier des ordres, le 29 mai suivant ;

Créé duc de Choiseul en novembre 1758 ;

Pourvu de la charge de secrétaire d'État, le 3 décembre suivant ;

Est entré au conseil comme ministre et secrétaire d'État de

la guerre et des affaires étrangères, et a été créé pair de France le 10 même mois de décembre 1758 ;

Et reçu au Parlement comme Pair, le 25 janvier 1759.

Fait ministre de la Guerre en 1761 ;

Colonel des Suisses et Grisons en 1762 ;

Ministre de la Marine la même année.

Enfin il devint gouverneur de la province de Touraine, grand bailli de Haguenau et surintendant des postes (1).

[C'est à ce ministre que l'on doit le fameux pacte de famille, conclu en 1761 entre la France et l'Espagne, le roi des Deux-Siciles et l'infant duc de Parme, qui fut négocié si secrètement, qu'il n'en transpira rien qu'après la signature. Le roi d'Espagne lui en témoigna sa satisfaction en lui envoyant la Toison d'Or.

Il fut disgracié à l'avènement de la Du Barri le 24 décembre 1770 et relégué dans son château de Chanteloup, près de Tours, pour avoir favorisé en secret les prétentions et les menées des parlements opposés aux volontés du roi.

« Le mécontentement que me causent vos services, dit le roi « dans sa lettre de cachet, me force à vous exiler à Chanteloup, « où vous vous rendrez dans les vingt-quatre heures. Je vous « aurais envoyé beaucoup plus loin, si ce n'était l'estime par-« ticulière que j'ai pour M⁰ la duchesse de Choiseul. Prenez « garde que votre conduite ne me fasse prendre un autre parti. »

Il mourut à Paris, le 8 mai 1785. Son corps fut transporté à Chanteloup où il fut enterré dans un endroit du cimetière, qu'il avait fait préparer, au pied d'un peuplier qu'il avait planté.

Ce fut lui qui fit décider la suppression de l'ordre des Jésuites en 1764.

Il ne laissa point d'enfants de son mariage avec Louise-Honorine Crozat, marquise de Carman et autres terres en Bretagne, fille cadette de feu Louis-François, marquis du Châtel, lieutenant-général des armées du roi.

Léopold-Charles, dit l'abbé de Choiseul, né le 28 décembre 1724, grand vicaire de l'évêché de Châlons-sur-Marne ; nommé

(1) Ce qui suit a été ajouté sur le manuscrit original par un de ses possesseurs modernes (Note des Édit.).

abbé de Saint-Arnoul de Metz en juin 1757, évêque d'Evreux en remettant cette abbaye en mai 1758, et sacré le 29 octobre même année, et a été nommé archevêque d'Alby en se démettant de l'évêché d'Évreux en avril 1759.

Jacque de Choiseul, dit le comte de Stainville, capitaine de dragons au service de l'impératrice reine de Hongrie, commandeur de l'ordre de Saint-Étienne, chambellan, colonel des Chevau-Légers de Loewenstein, général major, puis maréchal-lieutenant en 1759.

Revenu en France, il fut fait lieutenant général en 1760, inspecteur commandant des grenadiers de France et inspecteur général d'infanterie, décoré de la croix de Saint-Louis; à la paix conclue le 18 juin 1783, fut fait maréchal, et, trois ans après, il reçut l'ordre du Saint-Esprit.

Il fit partie des États-généraux en 1789, et mourut peu de temps après leur ouverture.

Charlotte-Eugénie et Béatrix, chanoinesses à Remiremont; Béatrix est coadjutrice de l'abbaye de Bouxières près Nancy.

THIBALLIER

Porte : d'azur au chevron d'or accompagné de deux croissants couchés d'argent en chef et d'un flacon d'or en pointe soutenu de trois larmes d'argent.

Cette famille établie dans le district de la ville de Bar, vers le milieu du xviie siècle, est reconnue d'ancienne extraction noble possédant fief dans l'étendue du bailliage dudit Bar sans aucun trouble ni empêchement dès l'année 1654, temps auquel Claude Thiballier, sieur de la Boulaye, capitaine au régiment de Paleau, fils de Claude Thiballier, sieur de Vaurenard, demeurant à Orléans, vint transférer sa résidence à Triconville où il se maria avec Barbe Descruttes, fille de Ferry Descruttes, gentilhomme lorrain, seigneur dudit Triconville, maréchal des logis de la compagnie de province de Lorraine, duquel mariage il reste aujourd'hui postérité, tant en ladite ville de Bar qu'audit Triconville, savoir :

Louis-Jules de Thiballier, seigneur dudit Triconville, demeurant audit Bar, ci-devant maréchal des logis de la maison du roi, lequel avait épousé en premières noces N... dont il a postérité et dont le fils aîné nommé..... demeurant audit Triconville et seigneur en partie de cette localité est marié à Marie Guillemin de Rocourt; de ce mariage il a, entre autres enfants un fils lieutenant d'infanterie au régiment de Saxe, un deuxième fils qui n'est point encore marié, et un autre dans les ordres sacrés.

THIÉBAULT — Famille éteinte.

Portait : d'azur, au chevron d'or, accompagné de 2 coquilles d'argent en chef, et d'une épée à lame de même et poignée d'or dressée en pal.

La noblesse de cette famille venait des Lettres de reprise maternelle obtenues en l'année 1645, par Étienne Thiébault, médecin, demeurant à Bar, du côté de Claude Bugnot, sa mère de condition noble, femme de Blaise Thibault, demeurant en la dite ville; mais cette famille est éteinte par défaut de mâles, ne restant aujourd'hui du mariage dudit Etienne avec Anne Poyart, de descendants que par les femmes; le dernier mâle qui était leur petit fils, étant décédé depuis quelques années, chanoine et trésorier de l'église collégiale de Saint-Georges à Nancy, et était fils de Joseph Thiébault et de Claude Thierriat d'Espagne, sœur de Charles gouverneur de Thionville, dont il est parlé en l'article suivant, et Gaspard Thiébaut, frère dudit Joseph étant mort sans enfants de son mariage avec Iolande Desvoulton.

L'auteur de ce recueil ne connait point d'autres familles qui viennent de celle ci-dessus par les femmes que celles qui sont écrites du mariage de Marie Thiébault, sa sœur, avec Antoine Gaynot.

THIERRIAT D'ESPAGNE — Famille éteinte.

Portait : d'argent à la bande dentelée de gueules, chargée d'une rose d'or en cœur, accompagnée de mouchetures d'hermine sans nombre en chef, et de 2 trèfles de sable en pointe.

Cette famille ne s'est établie en la ville de Bar que vers le milieu du xviie siècle, temps auquel Charles Thierriat d'Espagne, alors capitaine major du régiment de la Ferté, gentilhomme Français, seigneur de la Mothe et Petit-Prey, vint y fixer son domicile par son mariage avec Nicole Poyart, veûve en secondes noces de Thierry Longeaux, capitaine de la force de la dite ville, et en premières noces de Jean Vasse, conseiller assesseur en l'Hôtel-de-Ville dudit Bar, dont il n'eut qu'un fils nommé Henry, qui fut tué d'un coup de feu qu'il reçut à la bataille de Fleurus, lequel était capitaine de dragons au régiment du roy, avec brevet de colonel, sans avoir été marié.

Ledit *Charles Thierriat d'Espagne*, père du précédent, est mort en 1711, gouverneur de Thionville dès l'année 1684, par la mort du maréchal de Grancey, auquel il succéda. Son père Florentin Thierriat Despagne, seigneur dudit Petit-Prey, proche Wassy, avait aussi transféré son domicile en ladite ville de Bar, où il est mort quelques années après.

Quoique la famille de Poyart n'ait point été anoblie, que par une de ses branches, à présent éteinte, elle peut légitimement trouver place à la suite de cet article, attendu qu'un grand nombre de familles nobles en sont sorties.

Pierre Poyart, sorti d'une honnête famille établie en la ville de Bar dès le xiv° siècle, eut entre autres enfants, deux fils, savoir :

Jean et Pierre, qui vivaient vers le milieu du xvi° siècle, formèrent deux branches ;

Le premier avec son mariage avec Barbe Beaudoux, de la même famille que ceux de ce nom qui ont été anoblis ; et le second par son mariage avec Agnès Gaynot, fille de Liébaut Gaynot, pareillement de la même famille que ceux de ce nom qui jouissent encore aujourd'hui de la qualité de noble, et dont il est fait mention dans ce recueil.

Les familles qui viennent du mariage dudit Jean Poyart avec Barbe Beaudoux, sont :

Celles de Vasse et Longeaux par Nicole Poyart, femme en premières noces de Jean Vasse, et, en deuxièmes noces, de Thierry Longeaux, morte gouvernante de Thionville ;

Celles de Vassart et Drouyn, par Marie Poyart sœur de

ladite Nicole, femme en deuxièmes noces d'Abraham Longeaux, frère de susdit Thierry, et, par interposition du mariage de Claudette d'Auvilliers avec François Vassart, et de celui de Jeanne Longeaux avec Nicolas Drouyn;

Celles de Boucher et Du Mesnil, par Marguerite Poyart, sœur des dites Nicole et Marie, femme de François Derosne, avocat ez siège de Bar et par interposition de Marie Derosne, femme de François Boucher et de Marguerite Derosne, femme de Germain Stable Du Mesnil;

Celle d'André, receveur des finances par Nicole Poyart, tante des susdites Nicole, Marie et Margueritte, femme de François Lambert, et interposition de Marie Lambert, leur petite-fille, femme de Nicolas André, seigneur de Queue-en-Brie.

Celles de Maillet, de Franquemont et Gérard, gruyer, par Margueritte Poyart, femme de François Jambon et par interposition du mariage de Marguerite Jambon, sa sœur, avec Pierre Gérard, gruyer de Bar;

Celle de Rouyer, dont un descendant était ci-devant avocat général au parlement de Metz et demeure présentement à Verdun, en vient encore par Madeleine Poyart, sœur de ladite Margueritte, femme d'Isaïe Rouyer, notaire au tabellionage dudit Bar.

Les familles qui sont sorties de la branche dudit Pierre Poyart et d'Agnès Gaynot, sont :

Celles de Vassimont, de Bar, de Billault-Leschicault, et Boucher de Gironcourt, par Marguerite Poyart, femme de Nicolas Barbillat, etc., tante des susdites Antoinette et Barbe;

Celles de Mayeur, de Bar, Moat et d'Auvillier, par Marguerite Poyart, cousine germaine de la susdite Margueritte, femme de François Mayeur;

Celles de Gérard-Rouillon et de Beurges de Renesson, par le mariage de Barbe Poyart, fille du susdit Pierre Poyart et d'Agnès Gaynot, avec Jean Parisot, et par interposition de celui de Barbe Parisot, sa petite fille, avec Charles Gérard;

Celles de Regnault et Demarne-Longeaux, Mayeur de Bussy et Rogier par le mariage d'Anne Poyart, sœur de la susdite Barbe avec Charles de Blayves et interposition d'Agnès, Fran-

çoise et Jeanne de Blayves, femmes de Thierry Longeaux, Jean
Mayeur et Jean Rogier;

Et enfin celles de Demarne du Bourg, Lescale de Louppy et
Fisson, par le mariage de Marie Poyart, sœur desdites Barbe et
Anne avec Jean de Blayves, frère dudit Charles, et interposition de celui d'Anne de Blayves, leur fille, avec Jean de Mussey
et à cause de Marie de Mussey, femme de Jean Longchamp, et
d'Anne et Jeanne de Mussey, nièces de la dite Marie, et femmes
de Claude de Lescale, et de ..... Fisson-Dumontet.

THIERRYON-DEMARNE — Famille éteinte.

*Portait : d'argent, au rencontre de taureau de gueules bouclé
de sable, surmonté de deux étoiles de gueules.*

La noblesse de cette famille vient de la reprise maternelle
faite vers le milieu du xvᵉ siècle, par Claude Thierryon, prévôt
de Bar, du côté de Haubrette Dambonnay, sa mère d'extraction noble, femme de Jean Thierryon, aussi prévôt dudit Bar
en l'année 1445, mort lieutenant général au bailliage dudit
Bar, et petite fille de Henry Dambonnay, qui fut anobli en
1362, par Charles, fils aîné du roi Jean, et confirmé par ledit.
roi l'année suivante.

Il ne reste plus de descendants de cette famille de mâles en
mâles dans la dite ville de Bar ni dans son district; et s'il s'en
trouve encore quelques-uns dans les deux duchés, il y a apparence que ce sont ceux de ce nom qui sont établis en la ville
de Neufchâteau, ou aux environs.

Les familles qui en viennent par les femmes, et qui en ont
repris la noblesse en différents temps aux termes de l'art. 74,
de la coutume de Bar, sont :

Celle de Colin-Demarne, par le mariage de Martin Colin,
demeurant audit Bar avec Claudine Thierryon, fille de Jean
Thierryon, seigneur de Marne, et de noble femme Nicole Massey;

Celle de Barisien-Demarne, établie à Ligny par le mariage
d'Antoine Barisien, demeurant à Ancerville, avec Jeanne
Thierryon, sœur de la susdite Claudine, et

Celle de Guyot-Demarne, par celui de Samson Guyot, procureur fiscal de la baronie dudit Ancerville, avec Elisabeth Thierryon, fille de Claude Thierryon-Demarne, propriétaire de la forge de Dammarie.

THIERYON DE BRIEL

Porte : d'azur au chevron renversé d'or, soutenant un cor
de chasse de même en pointe lié de gueules.

Cette famille tient sa noblesse des Lettres obtenues en l'année 1719, par Jean Thieryon, demeurant à Bar, chirurgien et accoucheur de S. A. R. Madame Elisabeth Charlotte d'Orléans, duchesse de Lorraine, portant reprise de noblesse du côté de Jeanne Briel, sa mère, fille de Martin Briel et de Cunisse Masson, laquelle avait épousé Nicolas Thieryon en 1625, père dudit Jean, avec permission de porter les armes telles quelles sont ci-dessus blasonnées et d'y ajouter à son nom celui de Briel.

Les descendants sont :

Etienne Thieryon de Briel, seigneur du Jard, non marié ;

Joseph Thieryon de Briel, valet de chambre de M° la duchesse douairière de Lorraine, demeurant à Commercy qui n'eut de son mariage avec N... Bardot qu'un fils de même nom, lequel est lieutenant général de la prévôté de Bar, et a postérité en bas-âge de son mariage avec N... Brouilly ;

Pierre Thieryon de Briel, demeurant à Dieuze qui a aussi postérité ;

Jean Thieryon de Briel, chanoine à Bourmont ;

Gabrielle Thieryon de Briel, femme de Claude Rougeot, greffier en chef des bailliages et prévôtés dudit Bar, dont elle a postérité ;

Thérèse Thieryon de Briel, non mariée ;

Et Louise sans postérité de son mariage avec N... Henriot le jeune. — Les enfants de Nicolas Thieryon et d'Hyacinthe Henriot, avocat et présentement maire dudit Bar.

THIERRY DE LA COUR

Porte : d'azur à trois lions naissants d'or,
2 en chef et 1 en pointe.

La noblesse de cette famille fut reconnue en 1542 en la personne de Nicolas Thierry qui n'eut de son mariage avec Catherine Desguyot, d'extraction noble, qu'un fils nommé Jean Thierry, seigneur de La Cour et Maison Forte de Bazincourt, qui fut marié à Claudon de Landefontaine, aussi d'extraction noble dont il eut Charles Thierry, seigneur dudit fief de Bazincourt, dont les descendants de nom et d'armes sont présentement établis dans la baronie d'Ancerville, et particulièrement au village d'Aulnois.

La famille de Lepaige, de Bazincourt, en descend par Marguerite Thierry de La Cour, femme de Philippe de Laigle, et interposition d'Antoinette de Laigle, leur fille, à présent veuve de Claude Lepaige, seigneur dudit fief de Bazincourt, capitaine de cavalerie, *etc.*

THIONVILLE (DE)

Porte : d'argent à trois roses d'azur au chef de même,
chargé de trois écussons d'argent.

L'origine de la noblesse de cette famille est ignorée par l'auteur du présent recueil ; il sait seulement que vers la fin du XVIe siècle, Jacque de Thionville, demeurant à Bar, était réputée de condition noble, et qu'il en prenait les qualités en tous actes, de même que Pierre de Thionville, mort sans postérité de son mariage avec Anne Lepaige, aussi de condition noble et.....

VALLÉE — Famille éteinte.

Portait : d'azur à la fasce d'or, accompagnée en chef de trois lionceaux de même, et de trois bandes ondées d'or en pointe.

Cette famille tenait sa noblesse des Lettres d'anoblissement obtenues en l'année 1572, par Claude Vallée, demeurant à Bar, où il est mort conseiller auditeur en la Chambre des Comptes dudit Bar, il était fils de Claude Vallée, marchand demeurant audit Bar et de noble femme Anne Paviette, etc.....

VARGUILLER (DE) — Famille éteinte.

Portait :

La noblesse de cette famille venait des Lettres d'anoblissement obtenues en l'année 1424, par Jean Le Varguiller, secrétaire de Louis, cardinal duc de Bar et de René d'Anjou, roi de Sicile, demeurant audit Bar, lequel a eu de son mariage avec Jeanne N... plusieurs enfants de l'un et de l'autre sexe, et entre autres une fille nommée Jeanne qui fut mariée à Henriet de Beauzeis, aussi secrétaire du dit seigneur roi et auditeur des Comptes du Barrois; mais il paraît que cette famille fut éteinte, du moins en la dite ville de Bar, dès le commencement du XVIe siècle, par défaut de mâles, le dernier y étant mort vers l'année 1514, sans avoir laissé de postérité de son mariage avec Mesline de Briel, sa veuve en ladite année.

Les familles qui peuvent en être sorties par les femmes ne sont pas encore venues à la connaissance de l'auteur de ce recueil.

VASSE

Porte : d'azur à deux chevrons d'argent l'un sur l'autre, au chef de gueules chargé de deux molettes d'éperon d'or.

La noblesse de cette famille vient des Lettres d'anoblissement obtenues en l'année 1704, par Nicolas Vasse, avocat ez-siège de Bar, qui eut de son mariage avec Marie Decheppe, plusieurs enfants de l'un et de l'autre sexe, dont l'aîné nommé Charles, seigneur de Petitprey, est mort ancien conseiller en la Chambre des Comptes dudit Bar, sans avoir été marié, et dont il ne reste qu'un seul qui a postérité, savoir :

Nicolas Vasse, seigneur dudit Petitprey, capitaine réformé au régiment de Vermandois qui eut de son mariage avec défunte Claude de Fourqire, cinq enfants qui sont :

1° Marie-Anne Vasse, mariée depuis peu à Claude de Saincton, capitaine de cavalerie légère au régiment de Raugrave ;

2° Nicolas-Charles Vasse, lieutenant d'infanterie dans le régiment royal Lorraine ;

3° et 4° Anne et Thérèse Vasse, non encore mariées ;

5° et Jean-Baptiste Vasse, lieutenant au régiment de Polignac.

Il reste encore du mariage de défunte Marguerite Vasse, sœur dudit Nicolas avec N... Leblanc, d'Attancourt, un fils nommé... capitaine dans les milices de Champagne, lequel était établi à Chaumont-en-Bassigny.

VASSEUR (LE) — Originaire de Paris.

Porte : de gueules à la fasce d'or accompagnée d'un soleil de même en chef, et 2 croissants montants d'argent en pointe.

Cette famille n'est connue dans la ville de Bar que depuis environ..... ans, temps auquel Charles Le Vasseur, natif de Paris, y est venu transférer son domicile par son mariage avec Rose de Lamorre.

Quant à sa noblesse, elle n'est connue jusqu'à présent par l'auteur de ce recueil, que par réputation.

VASSART

Porte : de gueules au chevron d'or accompagné de trois fleurs de lis d'argent, 2 en chef et 1 en pointe.

L'origine de la noblesse de cette famille vient des Lettres d'anoblissement obtenues en l'année 1624, par Nicolas Vassart, avocat ez-siège de Bar, qui n'eut de son mariage avec Barbe Royer, qu'un fils nommé François, lequel épousa Louise Lebègue, de condition noble, dont il eut plusieurs enfants de l'un et de l'autre sexe, entre autres un fils nommé Eric, mort doyen de l'église collégiale de Saint-Maxe de Bar, et un autre nommé Alexandre Vassart, mort depuis quelques années ancien lieutenant particulier au bailliage dudit Bar, laissant postérité, tant de son premier mariage avec Claudette Dauvillier, que de celui contracté en deuxièmes noces avec N... Gerbillon, savoir :

Antoine Vassart, seigneur d'Andernay, gruyer dudit Bar, qui a postérité de son mariage avec défunte Marguerite-Charlotte d'Hozier, d'extraction noble, native de Paris ; ses enfants sont :

Etienne Vassart, en faveur duquel il vient de se démettre de son emploi de gruyer, et lequel avait épousé Marie Vyart décédée depuis peu, dont il reste des enfants en bas-âge ;

Anne Vassart, mariée à Claude de Maillet, maître des Comptes, dont elle a postérité ;

Et une fille en bas-âge, restée du mariage de défunte Françoise Vassart avec Joseph Boucher de Morlaincourt ;

Françoise Vassart, sœur germaine du susdit Antoine du premier lit, femme d'Antoine Gaynot, sans postérité ;

Nicolas Vassart, leur frère consanguin du deuxième lit, seigneur de Tannois, chevalier de Saint-Louis, ancien capitaine d'infanterie au régiment de Pons qui a deux filles de son mariage avec Thérèse Desroseaux, lesquelles ne sont pas encore mariées.

Les familles qui viennent de celle de Vassart par les femmes sont :

Celles de Gérard, gruyer, Desvoulton et Rocourt, par les mariages de Pierre Gérard, gruyer de Bar, avec Jeanne Vassart, sœur du susdit Alexandre, de Henry Desvoulton avec Françoise Vassart, aussi sa sœur, et, par interposition de celui de Louise Desvoulton avec Bernard Guillemin de Rocourt.

VENDIÈRES (DE) ci-devant GUILLAUME

Porte : d'argent à l'écu de gueules mis en cœur.

Cette famille tient sa noblesse de la reprise faite au bailliage de Bar en l'année 1659, par Charles Guillaume, contrôleur en la gruerie de Morley, du côté de Marie Vendières, sa mère, fille de Claude Vendières, avocat ez siège de Bar et d'Anne Simony, de condition noble, laquelle Marie Vendières avait épousé Jean Guillaume, père dudit Charles, qui de son mariage avec Claudette Chataut eut entre autres enfants, un fils nommé

Nicolas de Vendières..... dudit Morley, qui fut marié à noble femme Anne-Charlotte Desvoyes, dont il reste postérité, et en faveur duquel ladite reprise fut confirmée en l'année 1706, avec permission de continuer à porter le nom et les armes de Vendières ou de Simony.

Les descendants dudit Nicolas et de ladite Desvoyes, actuellement existants, sont :

Hubert de Vendières, seigneur de Noyers, conseiller d'Etat du roi, et son procureur général à Bar en 1737 qui eut de son mariage avec N... Hallot plusieurs enfants de l'un et de l'autre sexe, et entre autres : un fils nommé Gabriel, pourvu de l'office de procureur du roy en la prévôté, police et gruerie dudit Bar, non encore marié ; deux autres fils, l'un chanoine en l'église Saint-Pierre de ladite ville, et l'autre Hubert en l'église de Saint-Maxe ; un 4e, au service du roi en qualité du lieutenant d'infanterie au régiment de Bouzols ; et des filles non encore mariées, et d'autres religieuses ;

François de Vendières, frère dudit Hubert, prêtre et curé de Varney, mourut en ce petit village, le 16 avril 1751, après y avoir exercé son ministère 48 ans environ ;

George de Vendières, écuyer, conseiller du roi, prévôt et gruyer de Morley, aussi son frère, qui eut postérité de son mariage avec N... de Fouraire ; N... de Vendières, non encore mariée.

Et Gabrielle de Vendières, leur sœur, mariée à François Drouyn conseiller au bailliage dudit Bar, dont elle a nombreuse postérité.

VÉEL (DE) — Famille éteinte.

Portait : d'azur au chevron d'or, accompagné de trois roses de même, 2 en chef et 1 en pointe.

La noblesse de cette famille venait des Lettres d'anoblissement obtenues en l'année 1427, par Jean de Véel, dit le petit Véel, gruyer général du Barrois, demeurant à Bar ; mais il ne paraît pas que cette famille ait existé bien longtemps après en ladite ville ; il paraît au contraire qu'il n'eut qu'une fille de son

mariage avec Marguerite Vyon, nommée Collette, qui épousa François de Revigny, lieutenant général audit Bar.

VENREDY — Famille éteinte.

Portait : d'argent au chef d'azur chargé de deux pattes de lion d'or onglées d'argent, posées l'une contre l'autre.

Cette famille était tenue et réputée noble dès les premières années du xv⁰ siècle, temps auquel vivait Jean Venredy, l'aîné, licencié ez-lois, demeurant à Bar, qui eut de son mariage avec noble femme Isabeau de Gombervaulx, un fils aussi nommé Jean, mort en 1480, revêtu des offices de conseiller auditeur en la Chambre du Conseil et des Comptes et avocat général au bailliage dudit Bar. Il n'est pas connu qu'il ait laissé des enfants de son mariage avec Marguerite Gauthier, de condition noble ; et, s'il en laissa, il y a apparence qu'il n'en est point resté de postérité mâle en ladite ville de Bar, non plus que du côté de Richier Venredy, son oncle, de son mariage avec Mesline de Revigny.

VILLERS (DE) — Famille éteinte.

Portait : de sable à trois pals d'argent.

La source de la noblesse de cette famille n'est pas venue à la connaissance de l'auteur de ce recueil ; il sait seulement qu'elle était réputée ancienne dès avant 1485, temps auquel Pierre Guyot, prévôt de Bar, se maria à noble femme Mesline de Villers, fille de Jean de Villers, clerc d'office du roi de Sicile, demeurant audit Bar et d'Alix, fille d'Etienne de Revigny, lieutenant général au bailliage dudit Bar ; il sait encore que ledit Jean de Villers, prenait la qualité d'écuyer en tous actes authentiques et portait les armoiries telles qu'elles sont ci-dessus blasonnées et que l'on voit empreintes à côté de celles du susdit Pierre Guyot, sur un vitrail de la chapelle érigée en l'église Saint-Pierre de Bar, par le président Alexandre Guyot, son fils ; mais selon toute apparence cette famille est éteinte vers ce même temps par défaut de mâles.

Les familles qui en viennent par ladite Mesline de Villers sont les descendants de celle de Guyot par les femmes (Voyez l'article de Guyot).

VILLIERS (DE) — Famille éteinte.

Portait : palé, contrepalé d'or et de sable.

Cette famille qui existait en la ville de Bar, dès le milieu du xvᵉ siècle, était réputée extraite d'ancienne noblesse et reconnue telle en la personne de Jean de Villiers, décédé en ladite ville, revêtu des offices de conseiller auditeur des comptes du Barrois et de procureur général au bailliage dudit Bar, auquel les qualités de noble, d'écuyer, ont toujours été attribuées en tous actes publics et dans les fonctions de ses emplois; mais l'origine n'est pas connue de l'auteur de ce recueil, non plus que ses alliances, ni même les noms, qualités et emplois de ses descendants immédiats. Il y a seulement quelque apparence, qu'un de ses arrière descendants de même nom et d'armes engendra plusieurs enfants *des deux sexes, domiciliés à Gondrecourt et dans son district*, dont une fille, nommée Nicole de Villiers, épousa Nicolas Mouzin, natif de la ville de Bar, bisaïeul d'Alexandre Mouzin de Romécourt, demeurant présentement en ladite ville, et dont un fils, frère de ladite Nicole, nommé Nicolas, fut marié avec noble femme Marguerite de Hevilliers, duquel mariage il eut Nicolas et Charles de Villiers, dont la postérité est ignorée de même que celle de Claude de Villiers, leur sœur, qui fut mariée à Nicolas Hurbal, avocat ez-siège dudit Bar.

Il *paraît par ces détails, que la famille de Mouzin de Romécourt vient de celle ci-dessus par la susdite Nicole de Villiers*, femme du susdit Nicolas Mouzin (Voyez l'article Mouzin de Romécourt).

VYART

Porte : d'azur à trois croix potencées d'or, 2 en chef et 1 en pointe, au chef de même.

L'origine de la noblesse de cette famille vient des Lettres

d'anoblissement obtenues en l'année 1545, par Claude Vyart, avocat à Bar, décédé procureur général de Lorraine, qui eut entre autres enfants de son mariage avec Barbe Guyot, d'extraction noble, un fils nommé Claude, avocat général au bailliage de Bar, et épousa Marie Bouchart, pareillement de noble lignée, dont il eut plusieurs enfants des deux sexes et entre autres René et Alexandre qui formèrent chacun une branche. Le premier par son mariage avec N... de Lacour et ledit Alexandre avec Marie Le Breton, l'une et l'autre de condition noble, desquels il reste aujourd'hui postérité de nom et d'armes.

Les descendants de la branche de René qui existent aujourd'hui sont :

Jean Vyart de Salvanges, avocat ez-siège de Bar, ancien maire et syndic de ladite ville qui a postérité de son mariage avec Barbe Jeannesson et entre autres enfants un fils nommé N... avocat ez-siège dudit Bar, non encore marié, et une fille nommée Louise, mariée à Césard Gérard, sans postérité jusqu'à présent,

Alexis Vyart, chanoine en l'église Saint-Maxe dudit Bar, Gabriel, jésuite, et Pierre, chanoine de Saint-Malo ;

Claude Vyart, ancien capitaine de cuirassiers dans les troupes de Charles VI, non marié.

Lesdits Jean, Alexis, Gabriel, Pierre et Claude, frères, nés du mariage de défunt Jean Vyart, avocat général audit bailliage et de Marguerite Bordat.

Antoine Vyart, clerc du diocèse de Toul, et Thérèse, sa sœur, femme de Charles Dutertre, baron de Tronville, conseiller au parlement de Metz, dont elle a postérité, lesdits Antoine et Thérèse, enfants de défunt François Vyart, baron de Tronville, conseiller d'État et ancien procureur général, et de Catherine de Lescale, fils aîné du susdit Jean, avocat général.

Les enfants de défunt Antoine Vyart de Lacour, avocat ez-siège de Bar et de Jeanne Vyart, de l'autre branche, à présent sa veuve, dont aucun n'est encore marié.

Les descendants de nom et d'armes venant de la branche d'Alexandre Vyart, sont :

Alexandre Vyart, son petit-fils, établi à Neufchâteau, lequel a postérité de son mariage avec Catherine Dardeville ;

Françoise Vyart, femme d'Hyacinthe, baron de Colliquet de Levoncourt, dont elle a postérité, ladite Françoise, sœur germaine dudit Alexandre ;

Les enfants de défunt Germain Vyart, leur frère consanguin établi en Lorraine allemande ;

La susdite Jeanne Vyart, mariée à Antoine Didelot, sans postérité ;

Joseph Vyart, non marié ;

Charles Vyart, avocat, qui a postérité en bas-âge de son mariage avec N... Gillot.

N... Vyart, femme de Charles Pillement, aussi avocat ez-siège de Bar avec postérité ;

Et Madeleine Vyart, femme de Jean-Baptiste de l'Espron, directeur dudit bureau des postes, audit Bar, dont elle a aussi postérité ;

Les sus-nommés Jeanne, Marie-Anne, Joseph, Charles, N... et Madeleine, enfants de défunt Charles Vyart, conseiller assesseur au bailliage dudit Bar et de Madeleine Serre, ledit Charles, frère germain du susdit Germain Vyart. ·

Les familles qui viennent de celle ci-dessus par les femmes sont :

Celle de Vyart, de Cousances et de Laneuville, par le mariage de N... Vyart, seigneur dudit Cousances et d'Attignéville, avec Louise Vyart, fille du susdit Jean Vyart et de Marguerite Bordat.

Des enfants de défunte Marie Vyart de Salvange et de François Vassart encore en bas-âge :

Les familles de Heyblot, Alliot, Lafaulche, de Lescale de Villotte, et Rizaucourt-Lescale de Longeville, et Rodouan de Morlaincourt par le mariage de Marie Vyart, sœur de René, avec Jean de Mussey, maire de Bar, et interposition de Jeanne de Mussey, femme de Thierry-Longeaux, de Bonne de Mussey, femme de Pierre Alliot, de Marie de Mussey, femme de Nicolas Lafaulche, de Jeanne de Mussey, leur nièce, femme d'Antoine de Lescale, et de François de Mussey, leur neveu, père de Claudette et de Marie-Anne de Mussey, femme de Gabriel de Longeville, et de Louis Rodouan de Montrouge ;

Et celles de Billault-Laurent et Billault-Leschicault, par le mariage d'Anne Vyart, aussi sœur dudit René, avec François Laurent de Briel, et par interposition de Françoise Laurent de Briel, femme de Sébastien de Billault et d'Anne Laurent de Briel, femme de Philippe Leschicault.

Il y a encore à Metz la famille de Guerrier qui en descend par Anne Vyart, fille d'Alexandre et de Marie Le Breton, laquelle fut mariée à N... Guerrier.

XAUBOUREL — Famille éteinte.

Portait : d'argent au chef d'azur, chargé de trois besants d'or.

La noblesse de cette famille venait des Lettres d'anoblissement obtenues en l'année 1481, par Pierre Xaubourel, sommelier de panneterie de René de Lorraine, demeurant à Bar, lequel est mort gruyer dudit Bar, laissant de son mariage avec Marson Baudin, plusieurs enfants de l'un et de l'autre sexe, dont l'un nommé René est mort conseiller en la Chambre des Comptes dudit Bar; un autre nommé Bertrand, mort contrôleur de l'hôtel du duc Antoine et auditeur en la Chambre des Comptes de Lorraine, dont un fils nommé Nicolas Xaubourel, fut aussi conseiller auditeur en celle de Bar.

Il y eut encore un frère de l'anobli nommé Pérignon, mort prévôt dudit Bar en 1484, et dont le fils nommé Maxe fut pareillement conseiller en ladite Chambre, mais cette famille n'existe plus dès le XVIIᵉ siècle par défaut de mâles.

Les familles qui en viennent par les femmes sont :

Celle de De Rouyn et les familles qui en sont sorties à cause du mariage de Claude Drouyn, prévôt de Bar, en 1514, avec Marguerite Xaubourel, fille de l'anobli.

Et les descendants de celle de Lescamoussier, par le mariage d'Alix Xaubourel avec Jean Lescamoussier (Voyez les articles de De Rouyn et de Lescamoussier).

TABLE

PAR ORDRE ALPHABÉTIQUE

des noms des familles nobles de la ville de Bar et dans l'étendue de son district, de 1424 à 1765.

————

Le signe ° indique que la famille est éteinte.

MÉMOIRES